これで安心！

売り場の接客英会話

デイビッド・セインのデイリースピーキング

三修社

はじめに

　こんにちは。デイビッド・セインです。

　インバウンド需要が高まる中、外国からのお客様に英語で話しかけられて慌ててしまったことはありませんか。

　日本人だけでなく外国からのお客様にも「おもてなし」の心を込めた対応が問われている今、その場にふさわしい英語で接客ができることには大きな価値があります。言葉の壁のせいで、いつも通りの仕事ができないなんて、もったいないことですよね。

　本書のダイアログで取り上げているのは、接客の場面でよく遭遇する短いやりとりですが、その中には使える表現が詰まっています。さらに、表現の幅を広げるための「別表現」も用意しました。「別表現」は、メインのダイアログと同じ場面・同じ内容の会話を、少しだけ違うニュアンスで再現したものです。

「ポイント」では、類似表現のちょっとしたニュアンスの違いや、間違えやすい和製英語など、知って役立つマメ知識をたくさん紹介しています。また、ここで取り上げている日本特有のきめ細かいサービスに改めて目を向けることで、あなたが提供するサービスの質が向上するかもしれません。

　外国からのお客様にも「プロの接客」を感じていただき、それが、みなさんの自信につながることを祈っています。

本書の構成

左ページに英語と日本語のスキットがあり、右ページの「ポイント」で英語表現について解説しています。また「別表現」では左ページの英語とは違った表現を紹介しています。「ボキャブラリー」にはスキット中の重要単語やイディオムを載せています。

本書の使い方

デイリースピーキングのメソッド

　本書一冊で、英会話上達の秘訣である3ステップが体験できます。

> ❶ 「リスニング」を数多くこなす（インプット）
> 　　　　　　　▼
> ❷ リスニングで触れた英語表現の「暗記」に努める（メモリー）
> 　　　　　　　▼
> ❸ 覚えた表現 / 語彙を「実際に口に出す」（アウトプット）

　「デイリースピーキング」では、この3ステップ（インプット → メモリー → アウトプット）すべてを効率よく習得できるため、英会話スキルの飛躍的な向上が期待できるのです。

各ステップの学習方法

ステップ❶ インプット

付録 CD で英語スキットを 3 回聴きます。ここでは、本書の英語スキットに目を通さず聴くことに専念してください。ストーリーを想像しながらネイティヴ英語のスピードに慣れましょう。正確なフレーズ把握よりも「たぶんこう言っているだろうな」と耳を鍛えることに集中してください。

ステップ❷ メモリー

ステップ 1 で聴いた英語スキットをもう一度聴きながら、本書左ページリード下の英語スキットに目を通します。その後、その下の日本語スキットを読みます。日本語も確認することで、英語スキットだけでは把握できなかった理解度が深まります。スキットに出てきた英語について右ページの「ポイント」で詳しく解説しています。正しい英語構文・熟語を暗記することで、あなたの英語力が大きく飛躍します。

ステップ❸ アウトプット

日本語スキットを見ながら、その英訳にチャレンジします。実際に声に出してみましょう。その英訳が正しいかどうか、英語スキットで再確認します。

> ＊ダウンロードサイトや別売 CD にて「日本語 → 英語」音声も販売しています。日本語のナレーションを聴いたそばから英訳し、直後に流れる英語ナレーションであなたの瞬間英作文がどこまで正しかったか把握できます。ステップ 3 において、英語構文だけでなく正しい発音を習得する上でも効果的ですので、ぜひご利用ください（別売音声の詳細については本書カバーのソデをご覧ください）。

この 3 ステップを通して、効果的に「耳で聴く → 聴いたことを耳と目で再確認する → 聴いた英文を実際に口で話す」の実践学習が体験できます。この流れをリピート学習することで、自分の話す英語がいつのまにかネイティブスピーカーが話す英語に近づいていることに気づくでしょう。

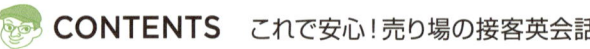

CONTENTS　これで安心！売り場の接客英会話

はじめに
本書の構成
本書の使い方

土産物店①	010
土産物店②	012
土産物店③	014
土産物店④	016
土産物店⑤	018
土産物店⑥	020
土産物店⑦	022
家電量販店①	024
家電量販店②	026
家電量販店③	028
家電量販店④	030
家電量販店⑤	032
家電量販店⑥	034
ドラッグストア①	036
ドラッグストア②	038
ドラッグストア③	040
ドラッグストア④	042
ドラッグストア⑤	044
ドラッグストア⑥	046
ドラッグストア⑦	048
ドラッグストア⑧	050
ドラッグストア⑨	052
書店①	054

書店②	056
書店③	058
書店④	060
書店⑤	062
書店⑥	064
書店⑦	066
書店⑧	068
書店⑨	070
デパート①	072
デパート②	074
デパート③	076
デパート④	078
デパート⑤	080
デパート⑥	082
デパート⑦	084
デパート⑧	086
デパート⑨	088
デパート⑩	090
デパート⑪	092
デパート⑫	094
デパート⑬	096
デパート⑭	098
デパート⑮	100
コンビニ①	102
コンビニ②	104
コンビニ③	106
コンビニ④	108
コンビニ⑤	110

コンビニ⑥	112
コンビニ⑦	114
郵便局①	116
郵便局②	118
郵便局③	120
郵便局④	122
郵便局⑤	124
郵便局⑥	126
郵便局⑦	128
郵便局⑧	130
共通（聞き取れない場合）	132
共通（値段と会計）	134
共通（謝る場合）	136
共通（使用上の注意）	138
共通（配送の手配）	140
共通（お取り替え、返品）	142
共通（苦情処理）	144
共通（落とし物の対応）	146
共通（お見送り）	148
ボキャブラリー＆センテンス INDEX	150

Hospitality English for Retail Stores

01 土産物店①

お土産には、定番商品や人気がある商品をすすめてみましょう。商品の説明をすることで、それまでお客様の目に止まっていなかった商品にも興味を持ってもらえるかもしれません。

- Welcome. Can I help you find anything?
- I'd like to buy a Japanese souvenir.
- Fans and hand towels make good souvenirs, or how about a bento box? They've been very popular recently.
- Actually, I'm a collector of hand towels. But I like the bento boxes too. I think I'd use one every day!

・・・・・・・・・・・・・・・・・・・・・・・・・・・・・

- いらっしゃいませ。何かお探しですか？
- 日本のお土産を買いたいのですが。
- 扇子や手ぬぐいがいいと思いますが、お弁当箱はいかがでしょうか？ 最近は、とても人気がございます。
- 実は、私は手ぬぐいを集めるのが趣味なのですが、お弁当箱もいいですね。きっと毎日使うと思います！

ポイント

日本語の「いらっしゃいませ。」に近い英語表現は、**Welcome.** や **Hello.** などです。笑顔で **Welcome.** や **Hello.** と声をかければ、お客様も **Hello.** や **Hi.** などと返してくれるはずです。

「何かお探しですか？」は、**look for 〜**「〜を探す」を使って、**What are you looking for?** や **Are you looking for something?** などと言います。お客様に声をかけるときは、**May I help you?** や **How may I help you?** などを使います。

しつこさを感じさせないことが、お声がけのポイントです。来店早々、たたみかけるように話しかけると嫌がられてしまうので、お客様から **I'm just looking.**「見ているだけです。」などと言われたら、しばらく様子を見るようにしましょう。

別表現

- Hello. Are you looking for something?
- I want to buy a Japanese souvenir.
- Fans and hand towels are good souvenirs, or bento boxes have been popular recently. How about one of those?
- Actually, I collect hand towels, but I like bento boxes too. I'd probably use one every day!

ボキャブラリー&センテンス

- Welcome. / Hello.「いらっしゃいませ。」
- What are you looking for? / Are you looking for something?「何かお探しですか？」
- good souvenirs「（おすすめできる、人気があってよく売れている）いい土産物」
- recently「最近」

土産物店

02 土産物店②

お客様に商品について聞かれた時は、手にとって見ていただきながら、素材や製造工程などを説明すると、値段に対しても納得していただけるでしょう。お客様の予算にあった価格のものを紹介できるといいですね。

> **Could I have a look at that Japanese umbrella?**
>
> **I'll get it for you. Here you are.**
>
> **What's this made of?**
>
> **It's made of bamboo, washi paper, thread, wood and lacquer. It's coated in oil, so it's waterproof and you can use it in the rain.**
>
> **Wow! But it's a little expensive for me. Do you have any umbrellas that could be used as decorations?**
>
> ・・・・・・・・・・・・・・・・・・・・・・・・・・・
>
> あの和傘を見せてもらってもいいですか？
>
> お取りいたします。どうぞご覧ください。
>
> これは何でできているのですか？
>
> 竹、和紙、糸、木、漆でできています。油を塗ってありますので、防水性があり、雨でも使うことができます。
>
> すごい！　でも、私には少し高すぎます。何か飾りとして使えるような傘はありませんか？

012　これで安心！売り場の接客英会話

 ポイント

Could I have a look at ～? は「～を見てもいいですか？」という意味です。**Could I take a look at ～?** や **Could I see ～?** という形も使われます。

高い位置にあるなど、取りにくい商品の場合は、**I'll get it for you.** や **Let me get it for you.**「お取りします。」と声をかけ、**Here you are.**「はい、どうぞ。」のひと言を添えて手渡します。

What's this made of? は「これは何でできているのですか？」と、材料を尋ねる表現です。答えるときは、**It's made of ～** に続けて、使われている材料を伝えます。

It's coated in oil. は「油を塗ってある。」という意味ですが、**It's oil-coated.** と言うこともできます。

別表現

- Could I see that Japanese umbrella?
- Let me get it for you. Here you are.
- What's it made of?
- It's made of bamboo, washi paper, thread, wood and lacquer. You can use it in the rain because the oil coating makes it waterproof.
- Wow! It's a bit expensive for me. Do you have any that could be used as decorations?

ボキャブラリー&センテンス

- Could I have a look at ～? / Could I take a look at ～? / Could I see ～?「～を見てもいいですか？」
- Let me ～.「～いたしましょう（～させてください）。」
- could be used as ～「～として使える」

03 土産物店③

着物や浴衣は、海外からのお客様にとても人気があります。日本人では思いつかないアイデアで自由に楽しんでいただけるよう、ご希望にそったものを提案するようにしましょう。

> 🧑 I'm interested in getting a yukata.
>
> 🏪 Here's a sample design. Please try it on.
>
> 🧑 The L size is a little small. Do you have an XL?
>
> 🏪 How's the length? Oh, maybe it's a little short?
>
> 🧑 Ah, it's okay. I'm just going to use it as a bathrobe.
>
> 🏪 In that case, it's just right.
>
> ・・・・・・・・・・・・・・・・・・・・・・・・・・・・・・・・・・
>
> 🧑 浴衣がほしいのですが。
> 🏪 こちらが柄のサンプルでございます。どうぞご試着ください。
> 🧑 Lサイズでは、少し小さいですね。ＸＬはありますか？
> 🏪 丈はいかがですか？　ああ、少し短いかもしれませんね。
> 🧑 でも、大丈夫です。バスローブとして使うつもりですから。
> 🏪 それなら、ちょうどいいですね。

ポイント

おみやげとして人気が高い、日本の「浴衣」や「着物」は、英語でもそのまま **yukata / kimono** で通じます。

Please try it on. は「どうぞご試着ください。」という意味ですが、特に買おうかどうか迷っているお客様に対して、積極的に使ってみるといいでしょう。**Feel free to try it on.** と言うこともできます。

服のサイズについて説明する場合、**S / M / L / XL** といった「大きさ」の前に「冠詞」をつける必要があります。「ＸＬはありますか？」なら、**Do you have an XL?** となります。**XL** は最初の音が母音なので、冠詞は **a** ではなく **an** です。**S / M / L** も同様に、冠詞は **an** または **the** [ði] を使います。

別表現

- I'd like to buy a yukata.
- Here's a sample design. Feel free to try it on.
- The large is a little small. Do you have an extra large?
- How's this? Oh, it's a little short, isn't it?
- No, it's okay. It's going to be my bathrobe.
- It'll be just fine then.

ボキャブラリー&センテンス

- sample design「柄のサンプル」
- try on「試着する」
- Please try it on. / Feel free to try it on.「どうぞご試着ください。」
- How's the length?「丈はいかがですか?」
- bathrobe「バスローブ」

04 土産物店④

お寿司や天ぷらの形をしたキーホルダーは、お土産として人気があります。かさばらず、手頃な値段の小物は、おすすめしやすい商品でもあります。日本らしいデザインの小物は、帰ってからお土産を渡す時の話題にもなるので、喜んでいただけるでしょう。

- I'd like to buy a lot of small things.
- Our best-seller is this sushi-shaped keychain.
- You have 10 different kinds? Okay, I'll take two of each, please.
- I'll put them in separate bags for you. How many bags would you like?
- Could you put one in each bag?
- Certainly.

- 小さいものをたくさん買いたいのですが。
- 当店で一番売れているのは、この寿司の形をしたキーホルダーです。
- 10種類もあるんですか？ じゃあ、全種類、2つずつ買います。
- 袋に小分けいたします。袋はいくつご入り用ですか？
- 1袋に1つずつ入れてもらえますか？
- かしこまりました。

🟢 ポイント

「ベストセラー」という言葉は、「本」にしか使えないと思っていませんか？英語の **bestseller** や **bestselling** は、あらゆる商品に対して使える言葉です。

日本語の「キーホルダー」は、実は和製英語です。英語の **keyholder** は、玄関近くの壁などにつけられた、カギをひっかけるためのフックがたくさんついたものを指します。日本語のキーホルダーに一番近い英語は **keychain** です。輪っかの形をしたキーホルダーなら、**key ring** と言います。

Could you put one in each bag? は、「1つの袋に1つずつ入れてもらえますか？」という意味です。なお、英語の **bag** は「かばん」だけでなく、「紙袋」**paper bag** や「ビニール袋」**plastic bag** などのことも指します。

🟢 別表現

- I want to buy lots of small items.
- These sushi keychains are our best-selling product.
- There are 10 different kinds? I'll take two of each, please.
- I'll put them in separate bags. How many bags do you need?
- One in each bag, please.
- Okay.

🟢 ボキャブラリー&センテンス

- **a lot of / lots of**「たくさんの」
- **keychain**「キーホルダー」
- **sushi-shaped**「寿司の形をした」
- **best-selling product**「一番よく売れている商品」
- **two of each**「2つずつ」

05 土産物店⑤

予算内で買い物ができるように、先に予算を提示されるお客様もいらっしゃいます。予算に合ったものをすぐに提案できるよう、商品の値段は日頃から把握しておきましょう。もし、お客様が予算外の商品に興味を示した場合は、それが予算外であることを伝えてから商品の説明をしましょう。

- **My budget is 3,000 yen.**
- **Is it for yourself?**
- **Yes. I'd like to get something I can use rather than a decoration.**
- **How about this bag made of kimono fabric? It's 3,200 yen plus tax.**
- **Hmm, it's a little over my budget.**
- **I see. Here, I'll give you this pamphlet.**

・・・・・・・・・・・・・・・・・・・・・・・・・・・・・・・・・

- 予算は3,000円です。
- ご自分用ですか？
- はい。飾るためのものではなく、何か実際に使えるものを買いたいと思っています。
- こちらの、着物の布で作ったバッグはいかがですか？ お値段は3,200円で、さらに税金がかかります。
- う〜ん、それでは少し予算オーバーですね。
- そうですか。では、こちらのパンフレットを差し上げます。

ポイント

My budget is 3,000 yen. は、「予算は 3,000 円です。」という意味です。「最大で 3,000 円まで使える。」ということなので、**I can spend 3,000 yen.** と言うこともできます。

こちらからお客様のご予算を伺う場合、**What's your budget?** と言うこともできるのですが、**budget** は「比較的大きな予算」というニュアンスもあるため、店員のほうから **What's your budget?** と聞くと、高い買い物をすることを期待しているような感じになってしまいます。このような不要なニュアンスを入れずに予算を聞くには、**What's your price range?** という言い方がいいでしょう。

3,200 yen plus tax は「3,200 円プラス税金」、つまり「外税で 3,200 円」ということです。**plus tax** の代わりに **before tax** を使うこともできます。

別表現

- I can spend 3,000 yen.
- Are you shopping for yourself?
- Yes. I'd like to get something I can actually use rather than a decoration.
- How about this kimono bag? It's 3,200 yen before tax.
- It's just over my budget.
- Okay. Here, take this pamphlet.

ボキャブラリー&センテンス

- budget「予算」
- What's your price range?「予算はどのくらいですか?」
- A rather than B「BよりはA」
- made of kimono fabric「着物地でできた」

06 土産物店⑥

人気の商品の特徴や、それが持つ歴史的な背景、また、日本独特の製造工程なども紹介できれば、その商品に対するお客様の興味もさらに深まるでしょう。お客様がお土産を持ち帰った後のことまでイメージして、親切で丁寧な説明を心がけましょう。

> **What's this cat figurine?**
>
> **It's called a maneki neko. Shop keepers put them in their shops to encourage customers to come in.**
>
> **I see! I run a shop.**
>
> **In that case, how about buying one?**
>
> **That's a good idea. It's cute and unique, and I think my customers will like it.**
>
> **It will definitely attract more customers.**
>
> ・・・・・・・・・・・・・・・・・・・・・・・・・・・・・・・・・・・・
>
> この猫の人形は何ですか？
>
> 招き猫と呼ばれるものです。お店の経営者は、お客様に入ってきてもらうために、この人形を店に置きます。
>
> なるほど！　私はお店を経営しているんですよ。
>
> それでしたら、お１ついかがですか？
>
> いいですね。かわいらしくて、珍しいですから、うちのお客様も気に入ると思います。
>
> きっと、招き猫が、もっと多くのお客様を招いてくれますよ。

ポイント

cat figurineは「小さな猫の像」という意味です。**figurine**は、**figure**「像」よりも、さらに小さな金属や陶器製の像のことを指します。

It's called 〜. は「それは〜と呼ばれています。」という意味です。ダイアログでは、「招き猫」について **Shop keepers put them in their shops to encourage customers to come in.** という説明をしていますが、**encourage** は「〜することをすすめる」「〜することを促す」という意味の動詞。「招き寄せる」という意味の **beckon** を使うこともできます。

I run a shop. は「店を経営している。」という意味ですが、「店を所有している。」と言い換えて、**I have a shop of my own.** と言うこともできます。

別表現

- What's this cat figurine?
- It's a maneki neko. It helps to bring customers into the shop.
- Interesting! I have a shop of my own.
- In that case, would you like to get one?
- I think my customers will like it — it's cute and unique.
- I'm sure it will attract more customers.

ボキャブラリー&センテンス

- figurine「小さな人形(像)」
- It's called 〜.「それは〜と呼ばれています。」
- encourage「〜することをすすめる」「〜することを促す」
- attract「魅了する」「引きつける」

021

07 土産物店⑦

日本に興味を持ったきっかけがアニメやマンガだったという外国人の方が増えています。特定のキャラクターグッズやコスプレ衣装をお土産にほしいという方には、専門店をご案内すると喜ばれます。このダイアログでは、専門店がある街をご案内しています。

> **Do you have any clothes suitable for cosplay?**
>
> **We only have ninja costumes.**
>
> **Ah... I'm looking for a costume for this anime character.**
>
> **If you go to Akihabara, you can find some specialty shops.**
>
> **Ah, Akiba. Of course.**
>
> ・・・・・・・・・・・・・・・・・・・・・・・・・・・・・・
>
> コスプレ用の衣装はありませんか?
> 当店には、忍者の衣装しかございません。
> その〜、このアニメのキャラクターの衣装を探しているのですが。
> 秋葉原に行けば、専門店がございます。
> ああ、アキバですか。そうですよね。

🧑 ポイント

cosplay「コスプレ」は、**costume play** から派生した言葉です。「コスプレ用の衣装」は、**suitable for 〜**「〜に適した」「〜にふさわしい」を使って、**clothes suitable for cosplay** と言えば通じます。また、**cosplay outfits** と言うこともできます。

specialty shops は「専門店」のことです。**specialized stores** とも言います。**a specialty food store** なら「食料品専門店」、**a kitchen specialty store** なら「キッチン用品の専門店」となります。

Ah, Akiba. Of course. は「ああ、アキバですか。やっぱり、そうですよね。」というニュアンスです。この **Of course.** は、相手に言われたことに対して「ですよね。」「やっぱりそうでしたか。」「確かにそうですね。」のように、同意を示すときに使う表現です。

⬇ 別表現

- Do you have any cosplay outfits?
- We do have ninja costumes.
- Oh, I see. I'm looking for this anime character's costume.
- There are some specialty shops in Akihabara where you could look.
- Oh, Akiba. Of course.

✳ ボキャブラリー＆センテンス

- cosplay「コスプレ」
- suitable for 〜「〜に適した」「〜にふさわしい」
- outfits「(ひとそろいの) 衣裳」
- specialty shops / specialized stores「専門店」
- Of course.「もちろん。」「ですよね。」「やっぱりそうでしたか。」

土産物店

08 家電量販店①

このダイアログでは、海外からのお客様が日本で家電を購入する時の会話を紹介しています。国によって電圧が違うため、海外仕様の商品でなければ変圧器が必要になるかもしれません。お客様のご要望をよく伺って、納得いただける商品をアドバイスしましょう。

> 🙍 **I'm looking for a light digital camera. Any of the major makers are fine.**
>
> 🏪 **The battery charger is made for use in Japan, so you'll need to use a transformer.**
>
> 🙍 **Do you have any that use batteries?**
>
> 🏪 **Yes. This one takes four double A batteries.**
>
> ・・・・・・・・・・・・・・・・・・・・・・・・・・・・・・・・・・・・・
>
> 🙍 軽いデジカメを探しています。主要なメーカーのものなら、なんでもいいのですが。
> 🏪 充電器が日本仕様ですので、変圧器が必要になります。
> 🙍 乾電池が使えるデジカメはありますか？
> 🏪 ございます。こちらは、単3の乾電池を4本使用するタイプです。

 ポイント

日本では **digital camera**「デジタルカメラ」を「デジカメ」と略して呼ぶことがありますが、この「デジカメ」をそのまま **"digicame"** と言っても通じません。英語の場合、**digital camera** の略称は **digicam** です。

日本語では「バッテリー」というと、「車のバッテリー」などのように、「充電池」のことを指しますが、英語の **battery** は主に **dry-cell battery**「乾電池」のことを指します。「充電池」は、**rechargeable battery** と言います。

日本の「単3電池」に相当するのは、**AA battery (double A battery)** です。ちなみに、「単1電池」は **D battery**、「単2電池」は **C battery**、「単4電池」は **AAA battery**（**triple A battery**）と言います。

家電量販店

別表現

- Could I see some light digital cameras?
- The battery charger is made for Japan, so you'll need a transformer.
- Do you have any battery-operated cameras?
- Yes. This camera can be used with four double A batteries.

ボキャブラリー&センテンス

- digital camera / digicam「デジカメ」
- battery charger「充電器」
- made for use in Japan「日本仕様」
- transformer「変圧器」
- battery-operated「電池式の」
- AA battery / double A battery「単3電池」

025

09 家電量販店②

日本の家電の特徴は、高機能で、サイズのバリエーションがあり、デザインも豊富なことです。お客様のご希望をできるだけ詳しく伺い、最適なものを見つけられるようにサポートしましょう。

- **Are you looking for something in particular?**
- **I'm looking for a small humidifier, preferably one with a unique design.**
- **A size that's good for a desk or personal use?**
- **That's right! I need one that's safe to put in a child's room.**
- **We have some like that over in this section. Let me show you.**

・・・・・・・・・・・・・・・・・・・・・・・・・・・・・

- 何か特にお探しのものはございますか？
- 小型の加湿器を探しています。できれば、ほかにないようなデザインのものがいいのですが。
- デスク回りや、個人で使うのにちょうどいいサイズのものということですね？
- そうです！　子供部屋に置くための、安全な加湿器が必要なんです。
- こちらのコーナーに、そのような商品がいくつかございます。ご案内いたします。

026　これで安心！売り場の接客英会話

ポイント

「何かお探しですか？」は **Are you looking for something?** ですが、ダイアログでは、**in particular**「特に」をつけ、**Are you looking for something in particular?**「何か特にお探しのものはございますか？」と言っています。**in particular** をつけることで、具体的に何を探しているのか聞き出しやすくなります。

humidifier は「加湿器」のことです。**humid**「湿度の高い」という形容詞に、「〜するもの」という意味の **-fier** がついています。なお、「除湿機」は **dehumidifier**、「空気清浄器」は **air purifier** と言います。

preferably は「できれば」という意味の副詞です。「なるべくなら〜のほうがいいのですが」という気持ちを込めることができます。**prefer**「〜をより好む」という動詞を使って、**〜 is preferred.** と言い換えることもできます。

別表現

- Are you looking for anything in particular?
- I'm looking for a small humidifier, one with a unique design is preferred.
- One that's suitable for a desk or personal use?
- That's it! I need a safe one that can be put in a child's room.
- Let me show you some over here.

ボキャブラリー＆センテンス

- in particular「特に」「特別に」
- humidifier「加湿器」
- preferably「できれば」「なるべくなら」
- be preferred「望ましい」

⑩ 家電量販店③

海外でもお米を主食とする人はたくさんいます。また、和食ブームとの相乗効果で、日本米の人気も高まっています。最近では、高性能の日本製炊飯器を購入される方も増えています。

> 👩 **I'd like the latest rice cooker to take back home with me.**
>
> 🏬 **Okay, we definitely have models with many functions which will make cooking quicker and more enjoyable.**
>
> 👩 **I'd like one with a pressure cooking function.**
>
> 🏬 **Most of the latest models have that.**
>
> ・・・・・・・・・・・・・・・・・・・・・・・・・・・・・・・
>
> 👩 最新式の炊飯器を買って帰りたいのですが。
>
> 🏬 かしこまりました。もっと手軽に楽しく料理ができるようになる機能が、たくさんついたモデルを取りそろえてございます。
>
> 👩 圧力調理機能がついている炊飯器がほしいです。
>
> 🏬 最新モデルのほとんどについております。

ポイント

rice cooker は「炊飯器」のこと。また、**latest** は「最新の」「最新型の」という意味の形容詞です。「高級な」という意味の **fancy** を使ってもいいでしょう。

which will make cooking quicker and more enjoyable は「料理をもっと早く、もっと楽しくできるようにする」という意味です。「早い」ということは「手軽」ということでもありますので、**quicker** を **easier** と言い換えることもできます。また、**enjoyable** の代わりに、**fun** を使うこともできます。

pressure cooking function は「圧力調理機能」のことです。最新式の **vacuum pressure cooker**「真空圧力炊飯器」は、窯の中を真空状態にすることで、お米の中の空気を抜いて芯までしっかり吸水させる機能があるようです。

別表現

- I'd like a fancy rice cooker to take home.
- Okay, we have models with a lot of functions that will make cooking easier and more fun.
- I want one with a pressure cooking function.
- Almost all the latest models have one.

ボキャブラリー&センテンス

- latest「最新の」
- rice cooker「炊飯器」
- quicker / easier「もっと楽に」
- pressure cooking function「圧力調理機能」
- vacuum pressure cooker「真空圧力炊飯器」

11 家電量販店 ④

家電の保証は通常メーカー保証の1年間ですが、追加料金を払えば保証期間の延長ができることもあります。このダイアログでは、日本国外でも対応が可能な、国際保証について説明をしています。

- If you pay an extra 3,000 yen, you can get a two-year warranty.
- Can that be used outside Japan as well?
- Yes. There's a list of locations in your country on the maker's English website.
- Should I send the defective item there?
- That's right. The repair cost and postage will be free.

・・・・・・・・・・・・・・・・・・・・・・・・・・・・・・

- 追加で3,000円お支払いいただけば、2年間の保証をおつけできます。
- その保証は、日本国外でも使えますか？
- ええ。このメーカーの英語版ホームページに、お客様の国にある支店のリストが掲載されております。
- 故障した製品を、そこに送ればいいのですか？
- そうです。修理代および送料は無料になります。

ポイント

「保証」は **warranty** です。**You can get a two-year warranty.** で「2年間の保証をおつけできます。」という意味になります。**If you pay an extra 3,000 yen.** は「別途 3,000 円お支払いいただけば。」という意味で、**for an extra 3,000 yen** と言い換えることもできます。

There's a list of locations in your country on the maker's English website. は、「〜に〜があります」というパターンですが、**if** を使って、**If you look on this manufacturer's English website, you can find a list of stores in your country.** と言うこともできます。どちらかというと、ネイティブは **if** を使った「もし〜すれば、〜できる」というパターンのほうを好みます。具体的に何をすればいいのかがイメージしやすいからでしょう。

家電量販店

別表現

- You can get a two-year warranty for an extra 3,000 yen.
- Can it be used outside Japan too?
- Yes. If you look on this manufacturer's English website, you can find a list of stores in your country.
- Is that where I should send it if it's damaged?
- Yes. The repair cost and postage are free.

ボキャブラリー&センテンス

- warranty「保証」
- defective item「不良品」
- be damaged「故障した」
- postage「送料」

12 家電量販店⑤

保証期間内であっても、ユーザーが誤った使い方をして故障した場合は保証の対象外だということは、必ず説明しましょう。取扱説明書に記載がなく、購入時にも説明されなかったとなると、訴訟問題に発展してしまうこともあります。

- In cases of user-error, the insurance doesn't cover the repair cost.
- What kind of user-error?
- For example, if you put aroma oil in the water tank of the humidifier.
- Or if I put coke in instead of water. Haha.
- That's right. Please use it with safety in mind.

・・・・・・・・・・・・・・・・・・・・・・・・・・・・・・・・・・

- お客様が間違った使い方をされた場合は、保証による修理代の補てんはできません。
- たとえば、どのような間違った使い方がありますか？
- たとえば、加湿器の水タンクの中に、アロマオイルを入れたり…。
- あるいは、水の代わりにコーラを入れるとかですか？　ははは。
- そうですね。常に安全な使い方を心がけてください。

ポイント

「お客様が故障の原因となる間違った使い方をした場合」を英語で表現するなら、「使う側のミスで」と言い換えて、**in cases of user error** と表現することができます。**if** を使って、**If you do something to cause the damage to it, ...**「もし、それに損傷を与えるようなことをしたら」と言い換えることもできます。

「保険が〜の費用を補てんする」は、**the insurance covers the cost of 〜** のように、**cover** という動詞を使って表現します。

Please use it with safety in mind. の **in mind** は「念頭において」「忘れずに」と相手にくぎを刺すニュアンスがあります。**Please always use it with care.**「常に注意してお使いください。」と言ってもいいでしょう。

別表現

- If you do something to cause the damage to it, the insurance will not cover the cost of repair.
- For example, what would I have to do to cause damage?
- If you add aroma oil to the water tank, for example.
- Or if I put in coke instead of water, I guess.
- That's right. Please always use it with care.

ボキャブラリー&センテンス

- **user-error**「ユーザーエラー」「使用者の過失」
- **insurance**「保険」
- **repair cost / cost of repair**「修理代」
- **in mind**「忘れないで」「念頭におく」

13 家電量販店⑥

日本の家電は、毎年のようにデザインや機能が改良されます。最近では、数年前の型がお店に置いてあることの方が稀でしょう。お客様が、長年使い慣れている家電と同じ物を求められたら、使用方法に大きな違いがないもの、また、デザインが似ているものなどを提示して、ご満足いただけるように努めましょう。

- I bought a 700WZ printer three years ago at this store.
- Oh, thank you. We currently have two new models in the same line.
- I was hoping to get exactly the same one.
- I'm very sorry, but that model is no longer being made. We only have the new version.

- 3年前に、こちらの店で700WZ型のプリンターを買ったのですが。
- それはありがとうございます。当店ではただいま、同じシリーズの2つの新しい機種を取り扱っております。
- 以前買ったものと、まったく同じものを買いたかったのですが…。
- たいへん申し訳ございませんが、その機種は、もう製造されておりません。新しいバージョンのものしかございません。

 ## ポイント

I was hoping to get exactly the same one. の **exactly the same** は、「まったく同じ」という意味で、**the very same** と言うこともできます。**the** の入る位置に注意しましょう。

製品の「シリーズ」のことは、「系列」を意味する **line** で表すのが一般的です。**in the same line** で、「同じシリーズの」という意味になります。

That model is no longer being made. は、「その機種は製造中止になりました。」という意味で、**That model is no longer in production.** と言い換えることもできます。製造中止の状態は「今現在」も続いているので、英語では現在形になります。

別表現

- I bought a 700WZ printer here three years ago.
- Oh, that's nice to hear! We now have two new models in that line.
- I was thinking of getting exactly the same one.
- I'm sorry, but that model is no longer in production. We only have the new one.

ボキャブラリー&センテンス

- **line**「シリーズ」「製造系列ライン」
- **currently**「現在は」「今のところ」「ただいま」
- **exactly**「まさに」「厳密に」
- **be no longer being made / be no longer in production**
  「製造中止になった（なっている）」

14 ドラッグストア①

風邪薬を買いにきたお客様には、まず、症状を伺います。次に、アレルギーがあるかどうか、これまで体に合わなかったお薬はないかなどを確認しましょう。それから、症状にあった市販薬をおすすめしますが、その際、服用方法も丁寧に説明しておく必要があります。

> I need some medicine, please. I think I've caught a cold.

> Could you tell me your symptoms?

> Okay. I don't have a fever, but my throat hurts and I have a runny nose.

> Do you have any allergies to medicine?

> No.

> In that case, I recommend this medicine. Please take two tablets on a full stomach.

- 薬が必要なのですが。風邪をひいたみたいです。
- どのような症状か、教えていただけますか？
- ええ。熱はないのですが、のどが痛くて、鼻水が出ます。
- 何か薬に対するアレルギーはお持ちですか？
- ありません。
- それでは、こちらのお薬をおすすめします。毎食後、2錠お飲みください。

036 これで安心！売り場の接客英会話

👤 ポイント

I think I've caught a cold. は「風邪をひいたようです。」という意味です。**I've caught.** と過去形ではなく現在完了形になっているのは、風邪の症状が「今も続いている」ということを意味しているからです。

symptom とは「症状」という意味です。代表的な症状に関する英語表現は覚えておきましょう。**sore throat**「のどの痛み」、**runny nose**「鼻水」、**congestion in the nose**「鼻づまり」、**cough**「せき」、**sneeze**「クシャミ」などが、よく使われる **cold symptoms**「風邪の諸症状」です。

「薬に対するアレルギーはありますか?」は、**Do you have any allergies to medicine?** や、**allergy**「アレルギー」の形容詞形である **allergic** を使って、**Are you allergic to any medicine?** のように言うことができます。

on a full stomach とは、「胃袋が満杯の状態で」、つまり「食後」という意味です。「空腹時」なら、**on an empty stomach** となります。

ドラッグストア

⬇ 別表現

- 😊 I think I have a cold. Could I get some medicine?
- 💊 What are your symptoms?
- 😊 I don't have a fever, but I have a sore throat and a runny nose.
- 💊 Are you allergic to any medicine?
- 😊 No, I'm not.
- 💊 I recommend this then. Please take two tablets on a full stomach.

✳ ボキャブラリー&センテンス

- symptoms「症状」
- sore throat「のどの痛み」
- runny nose「鼻水」
- congestion in the nose「鼻づまり」
- cough「せき」
- sneeze「クシャミ」

15 ドラッグストア②

お薬を処方する時には細心の注意が必要です。副作用など使用上の注意は必ず伝え、市販薬で効果が現れなかったり、悪化したりした場合には、病院へ行くように伝えましょう。

- **Does this medicine have any side effects?**
- **It causes drowsiness, so please don't drive after you take it.**
- **I see. Two boxes, please.**
- **Well, if your symptoms don't clear up after taking one box, you should see a doctor.**
- **Okay, I will. Thank you.**
- **I hope you get well soon.**

- この薬に何か副作用はありますか？
- 眠気を催しますので、服用後は、車の運転をしないでください。
- わかりました。2箱お願いします。
- その、1箱を飲み切っても症状がよくならなかったら、医者に診てもらったほうがいいですよ。
- わかりました、そうします。ありがとうございます。
- お大事にどうぞ。

ポイント

薬には **side effects**「副作用」が伴うことも珍しくありません。そのため、**Does this medicine have any side effects?**「この薬には、何か副作用はありますか？」のように確認される方がたくさんいます。

「それは眠気を催します。」は **It causes drowsiness.** という表現が一般的です。この **drowsiness**「眠気」は、**drowsy**「眠い」を名詞にしたものです。もう少し簡単に、**It makes you sleepy.** と言うこともできます。

You should see a doctor. は、単に「医者に会うべきです。」と言っているのではなく、「医者に診てもらったほうがいいですよ。」という意味です。**see** の代わりに、**consult** を使って、**You should consult a doctor.** と言うこともできます。

ドラッグストア

別表現

- Does this have any side effects?
- It will make you sleepy, so please don't drive after taking it.
- Okay. Two boxes, please.
- Maybe just one is best. If you still feel sick, you'd better see a doctor.
- I will. Thank you.
- Please take care.

ボキャブラリー&センテンス

- side effects「副作用」
- cause drowsiness「眠気を誘う」
- clear up「(症状が) 消える」「きれいにする」
- Take care.「お大事に。」

039

16 ドラッグストア③

不調を訴えるお客様に市販薬を選ぶ際、持病について、また、いつも飲んでいるお薬についての確認も必要です。適切な処方のために、お客様が前日食べたり飲んだりしたものについても、注意深く確認するようにしましょう。

> 😷 **I need some medicine. My stomach hurts.**
>
> 💊 **Do you have any chronic conditions? Are you already taking any medicine?**
>
> 😷 **I don't have any chronic illnesses. I think it's because I drank too much last night.**
>
> 💊 **I see. In that case, I recommend this to aid digestion. Please take one packet before eating.**
>
> ・・・・・・・・・・・・・・・・・・・・・・・・・・・・・・・・
>
> 😷 薬が必要なんですが。胃が痛むんです。
> 💊 持病はございますか？ すでに何かお薬は飲まれていますか？
> 😷 持病はありません。昨晩飲みすぎたからだと思います。
> 💊 なるほど。では、消化を助けるこの薬がおすすめです。食前に1袋飲んでください。

ポイント

My stomach hurts.「胃が痛い。」は、**I have a stomachache.**「胃痛がある。」と言います。正確には、**stomach** は胃から腸までを指すので、お腹全体が痛くても同じように言います。

「持病」を表現するときは、「慢性の」という意味の形容詞 **chronic** を使った、**chronic conditions** が適切です。「病気」を意味する単語には、**sickness** や **illness**、**disease** などがありますが、それぞれ症状の程度が違います。**sickness** は、風邪や頭痛、気分の悪さなど、不調を表すときに使います。**illness** はそれより重い症状を指し、さらに重い病気は **disease** と言います。

別表現

- My stomach hurts, so I need some medicine.
- Do you have any chronic conditions? Are you currently taking any medication?
- I don't have any chronic conditions. I think I drank too much last night.
- Okay. I recommend taking this medicine to help with digestion. Please take a packet before each meal.

ボキャブラリー&センテンス

- My stomach hurts. / I have a stomachache.「胃が痛い。」
- chronic conditions「持病」
- sickness「風邪や頭痛、気分の悪さなどの病気」
- illness「重い病気」
- disease「(illness より) さらに重い病気」
- aid digestion / help with digestion「消化を助ける」
- one packet「(薬の) 1包」

17 ドラッグストア④

処方箋をお持ちのお客様には、薬剤師がお薬を調合してお渡しします。その場ですぐにお薬を服用される方のために、お水とコップを用意しているところもあります。

- **Do you have a prescription?**
- **Yes, I got this from ABC Clinic.**
- **Go ahead and take a seat here while we prepare your prescription.**

....

- **Can I take this medicine right away?**
- **Yes, you can. There's some water available over there.**

• •

- 処方箋はお持ちですか？
- はい、ABC クリニックでこれをもらいました。
- お薬の準備ができるまで、どうぞこちらのお席におかけください。

....

- この薬をすぐに飲むことはできますか？
- はい、大丈夫です。あちらにお水をご用意しております。

🧑 ポイント

市販薬ではない、処方箋薬を希望されるお客様には、必ず **Do you have a prescription?**「処方箋はお持ちですか？」や **Let me see your prescription.**「処方箋を見せてください。」のように声をかけましょう。

処方箋薬のことを **prescription medicine** と言いますが、これに対して市販薬は **non-prescription medicine** や **over-the-counter medicine** などと言います。**behind-the-counter medicine** は、「処方箋は必要ないが、薬剤師の指導が必要な薬」のこと。「カウンターの後ろの棚に並んでいて、自由に手に取ることができない」ことから、このように呼ばれています。

prepare one's prescription は「処方箋に則って薬を調合する」という意味です。**prepare** の代わりに、**fill** を使うこともできます。

⬇ 別表現

- Let me see your prescription.
- Here it is. It's from ABC Clinic.
- Please sit here until it's ready.

・・・・・・・・・・・・・・・・・・・・・・・・・・・・

- Can I take some right now?
- Yes, you can. The water and cups are over there.

✳ ボキャブラリー&センテンス

- Do you have a prescription?「処方箋はお持ちですか？」
- Let me see your prescription.「処方箋を見せてください。」
- prepare / fill「調合する」

18 ドラッグストア⑤

シャンプーを豊富に取り扱っているドラッグストアもありますね。このダイアログでは、店内のどこにオーガニックシャンプーが置いてあるか、その場所を説明しています。また、便利なトラベルセットの紹介もしています。

- I'm looking for some organic shampoo.
- We have a lot of herbal shampoo on the upper half of the shelf on Aisle C. They're all natural products.
- What about hair conditioner?
- Of course. There's also a travel set with small bottles of shampoo and conditioner.
- That's handy. I'll go have a look.

・・・・・・・・・・・・・・・・・・・・・・・・・・・・・・

- オーガニックシャンプーを探しているのですが。
- C通路の上半分の棚に、ハーブシャンプーをたくさん取りそろえております。どれも、天然素材でできております。
- コンディショナーもありますか？
- もちろんございます。小さなボトルに入った、シャンプーとコンディショナーの旅行用セットもございます。
- それは便利ですね。見てみます。

😊 ポイント

We have a lot of herbal shampoo on the upper half of the shelf on Aisle C. は、「C通路の棚の上半分に、ハーブシャンプーをたくさん取りそろえております。」という意味です。**on the upper half of ~** で「~の上半分」という意味です。**shelf**「棚」、**aisle**「通路」などの単語を活用して、商品の場所を英語で正確に案内できるように、普段から練習しておきましょう。

なお、映画館や飛行機などの、座席間の通路も **aisle** と言います。「通路側の席」は **aisle seat**、「窓側の席」は **window seat** と表現します。

シャンプーや歯ブラシなどの「旅行用セット」は、**travel set** あるいは **travel kit** で通じます。

⬇ 別表現

- I'm looking for organic shampoo.
- There are a lot of herbal shampoos on the upper shelf of aisle C. They are all natural products.
- Do you have conditioner too?
- Yes. We also have travel kits with small bottles of both shampoo and conditioner.
- That's nice. I'll take a look.

❋ ボキャブラリー&センテンス

- **organic shampoo**「オーガニックシャンプー」
- **herbal shampoo**「ハーブ系シャンプー」
- **natural products**「天然素材」
- **on the upper half of ~**「~の上半分」
- **aisle**「通路」
- **handy**「便利な」「重宝な」

19 ドラッグストア⑥

このダイアログに登場するお客様は、かゆみに効く目薬を探しています。お客様の症状に合った適切な商品をおすすめしましょう。「疲れ目」や「ドライアイ」など、関連する語彙も覚えておくといいでしょう。

- **What kind of eye drops do you have?**
- **We have drops for eye strain, pollen allergies and dry eyes. We also have non-antiseptic types.**
- **My eyes itch, but I don't think I have allergies. I'd like to relieve the itching.**
- **In that case, I recommend this type.**
- **Oh, these are artificial tears.**
- **You can use these with contact lenses.**

・・・・・・・・・・・・・・・・・・・・・・・・・・

- どんな目薬を扱っていますか？
- 疲れ目用、花粉アレルギー用、ドライアイ用の目薬がございます。防腐剤が入っていないタイプのものもご用意しております。
- 目がかゆいんですが、アレルギーではないと思います。かゆみを和らげたいのです。
- でしたら、このタイプをおすすめします。
- ああ、これは人工涙液ですね。
- コンタクトレンズをしていてもお使いになれますよ。

ポイント

My eyes itch. は、「目がかゆい」という意味です。**itch** は「ムズムズする」という症状を表す動詞ですが、形容詞の **itchy** を使って **My eyes are itchy.** と言うこともできます。ちなみに、「かゆみ」は **itching** あるいは **itchiness** と言い、**relieve the itching** で「かゆみを和らげる」という意味になります。

eye strain は「疲れ目」、**hay fever** または **pollen allergies** は「花粉症」、**dry eyes** は「ドライアイ」という意味です。このような基本的な「症状」の英語表現は、ぜひ覚えておきたいですね。**artificial tears** は「人工涙液」のことです。

「コンタクトレンズ」のことは **contact lenses**、あるいは単に **contacts** と言います。**You can use it with contact lenses.** で、「コンタクトレンズをしていても使える。」という意味です。

ドラッグストア

別表現

- What kind of eye drops do you have?
- We have drops for eye strain, allergies and dryness. We also have non-antiseptic types.
- Though I don't have allergies, my eyes are itchy. So something to relieve the itchiness would be nice.
- In that case, how about this type?
- I see. These are artificial tears.
- It's okay to use these with contacts.

ボキャブラリー&センテンス

- **eye drops**「目薬」
- **eye strain**「目の疲れ」
- **hay fever / pollen allergies**「花粉症」

20 ドラッグストア⑦

日本の絆創膏は、色やデザインが豊富で、海外からのお客様に喜ばれています。日常的に使うもので、値段も手頃なので、お土産としても人気があります。

- I heard you have some colorful band-aids.
- That's right. We have some with lovely patterns and characters on them.
- Wow, you have so many different types! I bet children love them.
- They're popular with children and even high school students.
- Depending on the design, I think even adults would use some of them. I'll get some as souvenirs.
- Okay, let me show you some.

- カラフルな絆創膏を置いているって聞いたのですが。
- ええ。可愛らしい柄の絆創膏や、キャラクターが描かれた絆創膏がございます。
- わあ、いろんな種類があるんですね！　きっと子供たちは喜ぶでしょうね。
- 子供にも人気ですが、高校生にも人気なんですよ。
- 柄によっては、大人にも使えそうなものもありますね。おみやげにいくつか買おうと思うのですが…。
- かしこまりました、いくつかお見せいたします。

🎩 ポイント

I bet children love them.「子どもたちはきっとそれらを気に入るでしょうね。」の **I bet ~ .** は、「~だと確信しています。」という意味です。**bet** には「お金を賭ける」という意味があるので、「~だということを確信している。なんだったら、お金を賭けてもいい」という、やや「大げさ」な表現です。

Let me show some. は、「いくつかお見せします。」「いくつかお持ちします。」というニュアンス。**I'll show you some.** と言い換えることもできます。

⬇ 別表現

- I heard that you have colorful band-aids.
- Yes, we do. We have some with pretty patterns and cartoon characters on them.
- Wow, there are so many different kinds! Children must love them.
- They're popular with children and also high school students.
- Depending on the design, adults could use them too. I'll give them as souvenirs.
- Okay. I'll show you some.

✲ ボキャブラリー&センテンス

- band-aids「絆創膏」
- I bet ~ .「~だと確信しています。」
- depending on ~「~次第で」
- Let me show some. / I'll show you some.
  「いくつかお見せします。」「いくつかお持ちします。」

21 ドラッグストア⑧

このダイアログに登場するお客様は、かゆみ止めを探しています。かゆみの原因には、虫刺されなどの外的要因と食べ物などの内的要因が考えられます。まずは原因を確認しましょう。その上で、薬の成分にアレルギーがないかどうかを確認し、適切なものをすすめましょう。

> **Do you have any anti-itch cream?**
>
> **Is it for a bug bite? Or is it from eating something?**
>
> **This mosquito bite won't get better. It gets even itchier when I scratch it.**
>
> **It might not be a mosquito bite. I recommend seeing a dermatologist, but you'll need something until then. This ointment works well.**
>
> ・・・・・・・・・・・・・・・・・・・・・・・
>
> かゆみ止めのクリームはありますか?
>
> 虫刺され用ですか? それとも、何か食べ物が原因ですか?
>
> 蚊に刺されたところが治らないんです。掻くと、ますますかゆくなりますし。
>
> もしかしたら、それは蚊に刺されたのではないかもしれません。皮膚科で診てもらうことをおすすめしますが、それまで何か必要ですよね。こちらの軟膏がよく効きますよ。

🧑 ポイント

anti-itch medicine は「かゆみ止め」のことですが、このように、**anti-** には、「〜を和らげる」「〜に効果がある」という意味があります。**anti-acne agent** は「ニキビ治療薬」、**antibiotic** は「抗生物質」、**anti-malaria drug** は「抗マラリア薬」など、さまざまな薬の名前に **anti-** が使われています。

a bug bite は「虫刺され」です。動詞の **bite** は「かむ」という意味ですが、英語では「虫に刺される」ことを「虫にかまれる」と表現するため、**I was bitten by a mosquito.** で「蚊に刺された。」となります。

get better は「傷などがよくなる」「治癒する」という意味で、**heal** と言い換えることもできます。反対に「悪化する」は **get worse** です。

dermatologist は「皮膚科医」。「眼科医」は **eye doctor** あるいは **ophthalmologist** と言います。

ドラッグストア

⬇ 別表現

- 👩 Do you have any anti-itch medicine?
- 🏛 Is it from a bug bite, or a reaction from eating something?
- 👩 This mosquito bite won't heal. The itch gets worse when I scratch it.
- 🏛 You should go to a dermatologist in case it isn't a mosquito bite. Until then, this ointment will work well.

✳ ボキャブラリー&センテンス

- anti-itch cream / anti-itch medicine「かゆみ止め（クリーム）」
- bug bite「虫刺され」
- mosquito bite「蚊に刺されたあと」
- scratch「掻く」
- dermatologist「皮膚科医」

22 ドラッグストア⑨

喉がいがらっぽいというお客様が、うがい薬を探しています。風邪の症状かどうかを確認してから、最適なものをおすすめし、使い方を詳しく説明しましょう。

- **Do you have a cold?**
- **No, my throat is scratchy. Do you have any gargle medicine?**
- **This bottled fluid is for that.**
- **Do I dilute it with water?**
- **Yes. Put five drops of the medicine in 1/4 of a cup of warm or cool water.**

- お風邪ですか？
- いえ、喉がいがらっぽいんです。うがい薬はありますか？
- このボトルに入った液体が、うがい用のものです。
- 水で薄めるタイプですか？
- そうです。コップ4分の1のぬるま湯あるいは水に、この薬を5滴入れてください。

ポイント

My throat is scratchy. というのは、「喉が痛い」というよりも「喉がいがらっぽい」ことを指しています。**I have a scratchy throat.** と言うこともできます。**scratchy** は、「引っかかれるような不快な感じ」を表す言葉です。「イライラする」「ムズムズする」という意味の **itchy** に近いニュアンスがあります。

gargle medicine は「うがい薬」。**gargle** は名詞の「うがい」と動詞の「うがいをする」という2つの意味で使われます。

「液体」は **fluid**、「固体」は **solid** または **solid substance**、「気体」は **gas** です。**bottled fluid** は「ボトルに入った液体」のことです。

dilute は「薄くする」「薄める」という意味の動詞で、**dilute with water** は「水で薄める」という意味になります。

別表現

- Did you catch a cold?
- No, I have a scratchy throat. Do you have anything I can gargle with?
- This liquid is for gargling.
- Is it the type you dilute with water?
- Yes. Add five drops to one fourth of a cup of warm or cool water.

ボキャブラリー&センテンス

- gargle（名詞・動詞）「うがい」「うがいをする」
- dilute with ～「～で薄める」
- put A in B / add A to B「AをBに入れる」
- five drops of ～「～の5滴」

23 書店①

洋書を扱う書店には海外からのお客様も多いでしょう。売り場の説明や、扱っている書籍について説明できるようにしておきましょう。ここでは、日本で出版された英語版のガイドブックをご案内しています。

Where's the foreign book section?

On the fourth floor.

Do you have street maps or guide books?

Yes, we have all types. The imported books are a little more expensive, but I think we have English versions published in Japan too.

Thank you. I'll go and see.

・・・・・・・・・・・・・・・・・・・・・・・・・・・・・

- 洋書コーナーはどこですか？
- 4階にございます。
- 市街地図やガイドブックもありますか？
- はい、各種取りそろえてございます。輸入図書ですと少し割高になってしまいますが、日本国内で出版された英語版の書籍もあるはずです。
- ありがとうございます。行ってみます。

ポイント

お客様から **Where's the foreign book section?**「洋書コーナーはどこですか？」のような質問を受けた場合、その売り場が何階にあるかご案内するには、**On the 〜 floor.** あるいは **They're on the 〜 floor.** というパターンを使います。

street map は「市街地図」ですが、**street plan** や **town plan** という言い方も覚えておきましょう。

English versions published in Japan は、「日本国内で出版された英語版の書籍」のこと。**English books printed in Japan** のように言うこともできます。たいていの場合、**imported books**「輸入された書籍」つまり「洋書」よりも、値段は控え目です。

I'll go and see. は、「試しに行って見てみます。」というニュアンス。**I'll go and take a look.** あるいはもっとシンプルに **I'll take a look.** と言うこともできます。

別表現

- Where are the foreign books?
- They are on the fourth floor.
- Do you have street plans or guide books?
- Yes, we have all types. If the books are imported, they will be more expensive, but there should be English books printed in Japan too.
- Thank you. I'll take a look.

ボキャブラリー&センテンス

- foreign books「外国の本」「洋書」
- street map / street plan / town plan「市街地図」
- 〜 published in Japan / 〜 printed in Japan「日本で出版された〜」

24 書店②

このダイアログでは、お客様が日本語学習のための本を探しています。ご希望の本のタイトルを伺って、在庫の確認をしましょう。すでに絶版になっているものや、その店では取り扱っていない書籍だった場合には、お客様の目的に適う、代わりの本を紹介しましょう。

> **Do you have any books for learning Japanese?**

> **Yes, they're in Aisle G. Do you know the title of the book you're looking for?**

> **It's called *TANOSHII NIHONGO*. It's a little old.**

> **I'm sorry, but that title is unfortunately out of print.**

> **Oh, I see. Could you recommend another easy Japanese book?**

- 日本語学習のための本はありますか？
- ええ、G列にございます。お探しの本のタイトルはご存知ですか？
- 「TANOSHII NIHONGO」です。少し古い本なのですが。
- 申し訳ありません。そちらはあいにく絶版となっております。
- ああ、そうですか。何か別の簡単な日本語の本を、おすすめしてもらえませんか？

ポイント

books for learning Japanese は、「日本語学習のための本」という意味です。**books for studying Japanese** とも言います。「日本語学習者」のことを **Japanese learner** と言うので、**books for Japanese learners**「日本語を勉強している人のための本」と言っても通じます。

That title is unfortunately out of print. は、「その書籍はあいにく絶版です。」という意味です。「絶版である」は **out of print** ですが、「絶版になる」は **go** を使って、**go out of print** と表現します。

Could you recommend another easy Japanese book? の代わりに、発想を変えて、**Do you have any other recommendations for a beginner?**「初級者におすすめの本はありますか？」と聞くこともできます。**beginner** は「初級者」ですが、「中級者」は **intermediate-level learner**、「上級者」は **advanced-level learner** と言います。

別表現

- Do you have any books for studying Japanese?
- Yes, in Aisle G. Do you know the name of the book you're looking for?
- It's a book titled *TANOSHII NIHONGO.* It's a bit old.
- Unfortunately, that book is out of print.
- Oh! Well, do you have any other recommendations for a beginner?

ボキャブラリー&センテンス

- out of print「絶版である」/ go out of print「絶版になる」
- beginner「初心者」
- intermediate-level learner「中級者」
- advanced-level learner「上級者」

25 書店③

日本の雑誌は情報量が豊富で、日本文化を伝えることのできる立派なお土産になります。また、「付録」という独自の文化もあり、そのクオリティもとても高いため、外国人旅行者に驚かれているようです。書店の雑誌コーナーには、様々なジャンルの雑誌が並んでいます。お客様の興味にあったものをご紹介しましょう。

- I need to get some Japanese magazines.
- The magazines are on the first floor near the entrance.
- Um, this magazine comes with a large box.
- Some fashion magazines have started adding things like that to their issues. This month it's a tote bag.

- 日本の雑誌を買いたいのですが。
- 雑誌は、1階の入り口付近にございます。
- あの、この雑誌には、大きな箱がついているのですが。
- 一部のファッション誌が、そのようなものをつけ始めたんです。今月号は、トートバッグがついています。

🧑 ポイント

ダイアログで使われている **I need to get some Japanese magazines.** の **I need to get ~.** は「~を手に入れる必要があります。」ということなので、**I'm interested in ~.**「~に興味があります。」などよりも、「買うつもりだ」というニュアンスが強い言い方です。**I'd like to buy ~.** と、ほぼ同じと考えていいでしょう。

come with ~ は「~がついている」という意味で、**This magazine comes with a large box.** で「この雑誌には、大きな箱がついています。」となります。**come with** の代わりに **attach** や **add** を使うこともできます。**come with** の場合は、**attach** や **add** とは違い「実際に接触」している必要はありません。**It comes with a guarantee.**「それには保証がついています。」のように、形がないものについても用いることができます。

書店

⬇ 別表現

- 🧑 I'd like to buy some Japanese magazines.
- 🏛 The magazines are on the first floor by the entrance.
- 🧑 There is a large box attached to this magazine.
- 🏛 That's an extra. Fashion magazines have been adding things like that to their issues lately. They're giving away a tote bag this month.

✳ ボキャブラリー&センテンス

- I need to get ~.「~を手に入れる必要があります。」
- I'm interested in ~.「~に興味があります。」
- I'd like to ~.「~したい。」「~するつもりだ。」
- near the entrance / by the entrance「入口の近くに」
- A comes with B / B attached to A「AにBが付いている」

26 書店 ④

このダイアログのお客様は、洋書売り場で日本文学の英語版を探しています。海外でも人気の高い日本の文学作品には、日頃から興味を持っておくといいでしょう。お客様とコミュニケーションするときの助けになります。

- **Do you have any English translations of Japanese literature?**
- **Yes, Aisle F is all Japanese literature.**
- **Is there anything by Osamu Dazai?**
- **Yes, we have the paperback series. One title has both the Japanese and English text.**
- **I'd like that. Is that in the same area?**
- **It's in Aisle F, but on a flat display.**

・・・・・・・・・・・・・・・・・・・・・・・・・・・・・

- 日本文学の英訳版はありますか？
- ええ、F列に置いてあるものは、すべて日本文学です。
- 太宰治の作品はありますか？
- はい、ペーパーバック版のシリーズがございます。1冊に、日本語と英語の両方が入っております。
- それが欲しいです。同じコーナーにあるんですか？
- F列にございますが、平積みになっております。

ポイント

Japanese literature は「日本文学」のことです。**mystery novels** は「推理小説」、**academic books** は「学術書」、**travel books** は「旅行本」、**how-to books** は「実用書」というように、「本のジャンル」を英語で言えるようにしておくと、説明するとき役に立ちます。

日本語の勉強をしているお客様には、「対訳本」をおすすめすると喜ばれます。**One title has both the Japanese and English text.**「1冊に日本語と英語が両方載っています。」や、**One book is bilingual with both Japanese and English on either side.**「1冊の本が2か国語で書かれていて、片方のページに日本語が、もう片方のページに英語が載っています。」などと説明すれば理解してもらえるでしょう。

「平積み」は **flat display** または **flat pile** ですが、**lay out**「陳列する」と表現することもできます。

別表現

- Do you have any Japanese literature in English?
- Yes, in Aisle F.
- Do you have any Dazai Osamu?
- Yes, we have his books in paperback. One book is bilingual with both Japanese and English on either side.
- That's interesting. Is it in the same place?
- It's in Aisle F, but it's laying out on a table.

ボキャブラリー&センテンス

- Japanese literature「日本文学」
- mystery novels は「推理小説」
- academic books「学術書」
- travel books「旅行本」
- how-to books「実用書」

27 書店⑤

日本のマンガの中には、世界中で翻訳され、親しまれている作品がたくさんあります。海外のお客様が自国の言葉に翻訳されたマンガを気に入って、原書である日本語版に興味を示すことも珍しくありません。

- Where can I find Japanese manga?
- Is the Japanese version okay?
- I want to see the original version of what I have in English.
- Japanese versions open from the right.
- Yeah, I'd like to compare.

....

- 日本のマンガはどこにありますか?
- 日本語のものでよろしいですか?
- 自分が持っている英語版のマンガの、オリジナル版を見てみたいんです。
- 日本語版は、右開きになりますが。
- ええ、比較してみたいんです。

🟢 ポイント

「日本のマンガ」は、**Japanese manga** や **Japanese comics** と言います。なお、マンガ全般を **comics** と呼びますが、ストーリー性があるマンガやアニメなどを、特に **cartoon** と呼んでいます。「マンガ家」は、**cartoonist** や **comic artist** といいます。日本のマンガの作者は **a manga artist** と呼ばれています。

the original version of what I have in English は「自分が持っている英語版のマンガの原作」ということです。日本語版と英語版の最大の違いは「本の開き」なので、**Japanese versions open from the right.**「日本語版は右開きです。」と説明しておいたほうがいいでしょう。「開きが反対である」ということを強調するなら、**Japanese books open from the opposite way.** のように言うこともできます。

⬇ 別表現

- Where can I find Japanese comics?
- Are Japanese versions okay?
- I want to compare my English version with the original Japanese version.
- Japanese books open from the opposite way.
- Yeah, I just want to see the difference.

✳ ボキャブラリー&センテンス

- Japanese manga / Japanese comics「日本のマンガ」
- cartoon「ストーリーのあるマンガや劇画、アニメを含めたマンガ」
- A of what B「B（であるもの）のA」
- compare「比べる」
- the opposite way「逆に」

28 書店 ⑥

美しく、デザイン性の高い花札は、海外でも人気があります。書店で取り扱っていない場合でも、お問い合わせがあったら、どこで買えるかご案内すると喜ばれるでしょう。

> **What are you looking for?**
>
> **Um, do you have Hanafuda playing cards?**
>
> **We used to have them here, but not anymore. We do have a book about how to play Hanafuda.**
>
> **I really like the designs, so I want to buy the cards.**
>
> **These days you can find them in toy shops or department stores. Oh, and even 100-yen shops sell them.**

- 何かお探しですか?
- あの、花札はありますか?
- 以前は当店でも扱っていたのですが、今はございません。花札の遊び方の本ならございますが。
- デザインがすごく好きなので、花札自体を買いたいのです。
- 最近では、おもちゃ屋さんや、デパートのおもちゃ売り場で取り扱っています。あ、100円ショップでも売っていますよ。

ポイント

「花札」のことを英語では **Hanafuda playing cards** や **Japanese playing cards** と呼びます。**playing cards** だけだと「トランプ」という意味になります。

We used to have them here, but not anymore. は、「以前は扱っていたが、もう扱っていない。」という意味です。お客様から「今は扱っていない商品」について尋ねられた場合は、このように返事をすることができます。

You can find them in 〜 . は「それらは〜で売っていますよ。」という意味です。**These days you can find them in toy shops or department stores.** は「最近では、おもちゃ屋さんや、デパートのおもちゃ売り場などにあります。」という意味になります。

外国人に人気が高い「100円ショップ」は、**a 100-yen shop** と言います。

別表現

- Are you looking for something?
- Do you have Japanese playing cards?
- We don't have the cards anymore, but we have a book about how to play Hanafuda.
- I want to buy the cards because I really like the designs.
- You can usually find them in toy stores of department stores these days. Even 100-yen shops sell them.

ボキャブラリー&センテンス

- **not anymore**「もはやない」「もうこれ以上はない」
- **You can find them in 〜 .**「それらは〜で売っています。」
- **toy shops / toy stores**「玩具店」

29 書店⑦

世界遺産の写真集は見応えがあり、お土産としても最適でしょう。大型書店では、複数の違う棚に置いてあることがあり、特設コーナーが設けられていることもあります。どこにどんな商品があるのか、常に把握しておくことが大切です。

> **Do you have a photo book of Japan's World Heritage sites?**

> **Yes, there are books in the travel section on the second floor and the art section on the third floor.**

> **Is there a book with photos of Himeji Castle?**

> **There are a lot. Ah, if I'm not mistaken, a book was released this year featuring Himeji Castle.**

> **That's perfect! Which floor is it on, the second or third?**

> **I'm pretty sure it's on the third floor.**

- 日本の世界遺産の写真集はありますか?
- はい、2階の旅行のコーナーと3階のアートのコーナーにあります。
- 姫路城の写真が入っている本はありますか?
- たくさんございます。ああ、私の記憶違いでなければ、今年、姫路城を特集した本が出版されました。
- それはいいですね! 2階と3階のどちらにありますか?
- 確か、3階だったと思います。

🎩 ポイント

Japan's World Heritage sites は「日本の世界遺産」のことです。**Japanese** ではなく、**Japan's** になるので、注意しましょう。形容詞の **Japanese** は「日本人の」「日本式の」「日本的な」という意味ですが、「世界遺産」は「日本という国が持っている」ものなので、**Japan's** が正しいのです。

A book was released this year featuring Himeji Castle.「今年、姫路城を特集した本が出版されました。」のように、「〜を特集した」は **featuring 〜** を使って表現できます。

if I'm not mistaken は「私が間違っていなければ」という意味で、確信していないことや、自信のないことについて説明するときに使う表現です。**if I'm correct** や **if I remember correctly** のように言うこともできます。

・・・・・・・・・・・・・・・・・・・・・・・・・・・・・・・・・

⬇ 別表現

- 🧑 Do you have a picture book of Japan's World Heritage sites?
- 🏢 Yes, they are in the second floor travel section and the third floor art section.
- 🧑 Do you have a photo book of Himeji Castle?
- 🏢 We have a lot. If I'm not mistaken, a book came out this year featuring Himeji Castle.
- 🧑 That's wonderful! Which floor is it on, the second or the third?
- 🏢 It should be on the third floor.

・・・・・・・・・・・・・・・・・・・・・・・・・・・・・・・・・

✳ ボキャブラリー&センテンス

- Japan's World Heritage sites「日本の世界遺産」
- if I'm not mistaken「私の間違いでなければ」

30 書店⑧

お会計の際、お客様が買った本にブックカバーをつけるサービスがありますが、はじめて日本の書店で本を買う海外の方は驚くかもしれません。カバーをつけるかどうか尋ねる時は、これが無料のサービスであることも付け加えておきましょう。

- **Hello. Three books comes to 3,200 yen. Would you like a book cover?**
- **A book cover? Could I get one for each book?**
- **Yes, if you'd like.**
- **We don't get this kind of service in America. It's great!**
- **We also offer free gift-wrapping.**

- いらっしゃいませ。3冊で、合計3,200円になります。カバーはおかけしますか？
- カバーですか？ それぞれの本につけてもらえるんですか？
- ええ、もしご希望でしたら。
- こういうサービスは、アメリカにはありませんよ。いいですね！
- 無料でプレゼント用の包装をすることもできます。

🧑 ポイント

「3冊で 3,200 円です。」は、〈**数 comes to 金額**〉というパターンを使って、**Three books comes to 3,200 yen.** と表現します。商品の数に関わらず、動詞には3人称単数現在の **s** をつけて **comes** という形にします。**Three books is 3,200 yen.** と言うこともできますが、この場合も、動詞は複数の **are** ではなく、単数の **is** です。

Would you like a book cover?「本にカバーはおかけしますか？」という質問に対し、お客様は **A book cover?**「ブックカバーですか？」と、少し驚いている様子です。海外では、ブックカバーをかけるという習慣があまりありません。ダイアログでも、**We don't get this kind of service in America.**「アメリカには、このようなサービスはありません。」と言っていますね。

書店

⬇ 別表現

- 🛍 Hello. Three books is 3,200 yen. Do you want a book cover?
- 👤 Could I get a book cover for each book?
- 🛍 Yes, certainly.
- 👤 We don't get that in America. How nice!
- 🛍 Would you like them gift-wrapped for free?

✳ ボキャブラリー＆センテンス

- **Three books comes to 3,200 yen.**「3冊で 3,200 円です。」
- **one for each book**「1冊に1つずつ」
- **this kind of**「こんな（類いの）」「この種の」
- **gift-wrapping**「プレゼント用の包装」「ギフト包装」

069

31 書店 ⑨

図書カードは、利用者にとってだけでなく店側にも便利なプリペイドカードです。図書カードをはじめて使う方には、使用期限がないことやお釣りは出せないこと、また、不足金額分は現金で補えることなどを説明しましょう。

> **Can I use this card? I got it from my friend.**
>
> **Ah, that's a pre-paid book card. You can spend up to 3,000 yen.**
>
> **Okay, I'll use it to pay.**
>
> **That comes to 2,400 yen in total, so you have 600 yen left over.**
>
> **In that case, I'll get this map too.**
>
> **The map is 700 yen, so it will just be 100 yen.**
>
> ・・・・・・・・・・・・・・・・・・・・・・・・・・・・・・・・・・・・・
>
> このカードは使えますか？　友だちからもらったのですが。
> あ、それは図書カードですね。3,000円分のお買い物ができます。
> では、それを使って支払います。
> 合計は2,400円になりますので、あと600円の残金がございます。
> それなら、この地図もください。
> こちらの地図は700円ですので、あと100円だけお支払いください。

070　これで安心！売り場の接客英会話

ポイント

英語では「図書カード」のことを **a pre-paid book card** と呼びます。アメリカでも **Barnes & Noble** などの書店チェーンで、プリペイド式の図書カードを発行しています。

up to ～ は「上限」を示す表現です。**up to 500 yen** は、「500円まで」という意味で、**You can spend up to 3,000 yen.** なら「3,000円分のお買い物ができます。」、**You can save up to 50% off.** なら「最大で50%の割引がございます」という意味になります。

That comes to 2,400 yen in total. は「合計で2,400円になります。」ですが、**total**「合計」を主語にして、**The total is 2,400 yen.** のように言い換えることもできます。

「あと600円の残金がございます。」とカードの残額をお伝えするには、**You have 600 yen left over.** あるいは **You have 600 yen left.** というパターンが使えます。

別表現

- Can I use this card? My friend gave it to me.
- Oh, that's a pre-paid book card, so you can spend up to 3,000 yen.
- Okay, I'll pay with it.
- The total is 2,400 yen, so you have 600 yen left.
- I'll get this map, then.
- The map is 700 yen, so it's 100 yen.

ボキャブラリー&センテンス

- pre-paid book card「図書カード」
- up to ～「～まで」

32 デパート①

日本のデパートでは、商品のカテゴリーごとに売り場が分かれていたり、ブランドごとに分かれていたりします。お客様が探しているものを伺い、適切な売り場にご案内しましょう。

Where's the handbag section?

It's in the back of this first floor.

....

I'm looking for this brand.

Ah, in that case, section B on the third floor sells that brand.

....

Do you have this kind in brown?

Please wait a moment, I'll go check.

....

（受付で）ハンドバッグ売り場はどこですか？
1階の奥にございます。

....

（1階バッグ売り場で）このブランドを探しているのですが。
それでしたら、3階のB列にございます。

....

（3階売り場で）このタイプで茶色いものはありますか？
少々お待ちください。確認してまいります。

072　これで安心！売り場の接客英会話

🧑‍🦱 ポイント

日本語の「売り場」に一番近い英語は **section** です。「ハンドバッグ売り場」なら **handbag section** となります。

It's in the back of the first floor. は「それは、1階の奥にあります。」という意味ですが、ほぼ同じ内容を **The bag section is all the way back of the first floor.** と言い換えることもできます。**all the way back** は、「ずっと奥のほうに行ったところ」というニュアンスです。

Section B on the third floor sells that brand.「3階のBセクションで、そのブランドを扱っています。」は、主語を **that brand** にして、**for sale**「売っている」を使うことで、**That brand is for sale in section B on the third floor.** のように言うこともできます。

⬇ 別表現

🙋 Where are the handbags?

🏬 The bag section is all the way in the back of the first floor.

🙋 I'm looking for this brand.

🏬 Okay. Well, that brand is for sale in section B on the third floor.

🙋 Do you have this in brown?

🏬 Please wait and I'll go check.

✳ ボキャブラリー&センテンス

- 〜 section「〜売り場」
- in the back of 〜「〜の奥に」
- all the way back「ずっと奥に」
- I'll go check.「確認いたします。」

デパート

33 デパート②

試着をするのは、その服を買う前に、サイズやデザインが体に合うかどうかを確認していただくためです。別の服をおすすめするときも、お買い物に満足していただくために、お客様のご要望にそった提案をしましょう。

> **How's the size?**
>
> **Just right. But the sleeves are too short.**
>
> **I'm sorry, but this is a three-quarter sleeve design.**
>
> **I see. Do you have anything similar to this but with long sleeves?**
>
> **It's a different design, but what about this?**
>
> ・・・・・・・・・・・・・・・・・・・・・・・・・・・・・
>
> サイズはいかがですか？
> ちょうどいいです。でも、袖が短かすぎます。
> 申し訳ありません。こちらは、七分袖になっておりまして…。
> そうなんですか。これに似た服で、袖が長いものはありますか？
> デザインは異なりますが、こちらはいかがでしょうか？

👨 ポイント

How's the size? は、「サイズはいかがですか？」と尋ねるときの表現です。**Is the size okay?**「サイズは大丈夫ですか？」と聞いてもいいでしょう。

Just right.「ぴったりです。」は、**It's fine.** や **It's the right size.** と言うこともできます。

three-quarter sleeve は「七分丈」という意味で、**three-quarter length sleeve** とも言います。ちなみに、「半袖」は **short sleeve**、「長袖」は **long sleeve** です。「袖なし」のことを日本語で「ノースリーブ」と言いますが、これは和製英語です。英語では **sleeveless** と言い、**sleeveless dress** なら「ノースリーブのドレス」、**sleeveless top** なら「ノースリーブの上着」のことを指します。また、いわゆる「タンクトップ」のことは、**sleeveless shirt** と言います。

⬇ 別表現

- 🏬 Is the size okay?
- 👩 It's fine, but the sleeves are too short.
- 🏬 Unfortunately, this is a three-quarter sleeve design.
- 👩 Okay. Do you have something similar with long sleeves?
- 🏬 The design is different, but how about this?

✳ ボキャブラリー＆センテンス

- How's the size? / Is the size okay?「サイズはいかがですか？」
- Just right. / It's the right size.「サイズはぴったりです。」
- three-quarter sleeve / three-quarter length sleeve「七分袖」
- short sleeve「半袖」
- sleeveless「袖なし」「ノースリーブ」

34 デパート③

お客様に意見を求められた時は、単に褒めるだけではなく、率直な意見も大切です。商品を比べて悩んでいるお客様には、どちらの方がお似合いかを伝えたり、お客様に似合う色やコーディネートのアドバイスなどをすると喜ばれるでしょう。

> **How do I look?**
>
> **It really suits you. The blue one looks good, but the red one is just perfect.**
>
> **What should I wear on the bottom?**
>
> **I think a long, slim skirt would look good. Shall I add this one?**
>
> **Ah, that looks good. May I try it on?**
>
> **Of course. I'll show you three different colors just in case.**

- 似合うでしょうか？
- よくお似合いですよ。青もお似合いですが、赤が一番いいと思います。
- ボトムにはどんなものをあわせたらいいですか？
- 細身のロングスカートがあうと思います。こちらをあわせてみますか？
- ああ、それ、いいですね。試着してみてもいいですか？
- もちろんです。一応、色違いも３点お持ちします。

ポイント

How do I look? や **How does it look?** は、「どうですか？」「似合っていますか？」という意味です。「とてもよくお似合いですよ。」と答えるには、「似合う」「ふさわしい」という意味の **suit** を使って、**It really suits you.** や **It suits you really well.** のように言うといいでしょう。また、**look good on ～**「～に似合う」というフレーズを使って、**It looks really good on you.** と言うこともできます。

コーディネートの提案をするなら、「これを合わせてみましょうか？」「これはいかがでしょうか？」という意味の **Shall I add this one?** や、「こちらもご一緒に試着されますか？」という意味の **Would you like to try it with this one?** という表現を覚えておくといいでしょう。

別表現

- How does it look?
- It looks really good on you. The blue looks nice, but I think the red looks better on you.
- What kind of bottom should I choose?
- I think a long slim skirt would be nice. Would you like to try it with this one?
- Oh, that looks nice together. Could I try it on?
- Of course. I'll show you three different colors just in case.

ボキャブラリー&センテンス

- How do I look? / How does it look?
  「どうですか？（似合っていますか？）」
- It suits you. / It looks good on you.「あなたにお似合いです。」
- Shall I add this one?「これを合わせてみましょうか？」
- just in case「念のため」

35 デパート④

デザインのポイントを説明したり、セットアップとして着られるアイテムを紹介するなど、お店の人にしかできないアドバイスはお客様に喜ばれるでしょう。

- Is this fur collar detachable?
- Yes, it has five buttons so you can attach or detach it.
- I see. That's a good idea.
- If you remove the collar, you can wear this coat in the spring as well.
- That's great!
- We also have a skirt with the same fabric. Would you like to see it?

・・

- この毛皮の襟は、取り外しできますか？
- はい。5か所にボタンがついており、つけたり外したりすることができます。
- なるほど。それは便利ですね。
- 毛皮の襟を取り外せば、春にも着られますよ。
- それはいいですね！
- これと同じ布でできたスカートもあります。ご覧になりますか？

ポイント

detachableは「取り外し可能な」という意味の形容詞です。**detachable collar**なら「つけ襟」、**detachable hood**なら「取り外しができるフード」という意味です。また、ディスプレイを取り外してタブレットとして使えるノート型パソコンを、**a detachable laptop**と言います。

detachは「取り外す」という意味の動詞で、ダイアログにある「この毛皮の襟は取り外せますか?」は、**Does this fur collar detach?**と表現することもできます。ちなみに、**detach**の反対語は**attach**「取り付ける」です。

a skirt with the same fabricは、「同じ素材でできたスカート」という意味ですが、**with**の代わりに**of**を使って、**a skirt made of the same fabric**という言い方もあります。

別表現

- Does this fur collar detach?
- Yes, it has five buttons you can use to attach or detach it.
- I see. That's a nice idea.
- If you remove the collar, you can wear the coat in the spring too.
- That's good!
- Would you like to see a skirt made of the same fabric?

ボキャブラリー&センテンス

- detachable「取り外し可能な」
- detach「取り外す」
- with the same fabric / made of the same fabric「同じ素材でできた」

36 デパート⑤

真珠は、日本が世界に誇るジュエリーです。ダイアログに登場するデパートには、真珠の専門店もありますが、別のフロアの催事場でも真珠のイベントが開催されているようです。専門店とイベントでは何が違うのか、ダイアログを確認しましょう。

> 👩 **I'd like a pearl necklace and some earrings.**
>
> 🏬 **There's a specialty shop on the first floor. There's also a pearl event in the fifth floor exhibition hall, if you're interested.**
>
> 👩 **How is that event different from the first floor shop?**
>
> 🏬 **Ten different shops from around the country are participating in the event until the end of this month.**
>
> ・・・・・・・・・・・・・・・・・・・・・・・・・・・・・・
>
> 👩 真珠のネックレスとピアスがほしいのですが。
> 🏬 1階に専門店がございます。また、ただいま5階の催事場にて、真珠フェアを開催しております。よろしければ、そちらもご覧ください。
> 👩 そのフェアは、1階の専門店と何が違うのですか？
> 🏬 今月末まで、全国から10のメーカーがこのフェアに参加しております。

080 これで安心！売り場の接客英会話

郵便はがき

1508790

005

切手を貼って
ください

（受取人）

東京都渋谷区神宮前2-2-22

㈱ **三修社 営業部** 行

「日本語 - 英語」の音声を別売しています。下記の表の申込欄にご購入数を記入し、弊社営業部あてにお送りください。お電話でも承ります。
（商品送料別）

		これで安心！ホテルの接客英会話		申込数
04674	Disc1	ダイアログ 01 ～ 35 を収録	2,200 円+税	
	Disc2	ダイアログ 36 ～ 70 を収録	2,200 円+税	

		これで安心！飲食店の接客英会話		申込数
04675	Disc1	ダイアログ 01 ～ 35 を収録	2,200 円+税	
	Disc2	ダイアログ 36 ～ 70 を収録	2,200 円+税	

		これで安心！売り場の接客英会話		申込数
04676	Disc1	ダイアログ 01 ～ 35 を収録	2,200 円+税	
	Disc2	ダイアログ 36 ～ 70 を収録	2,200 円+税	

CD の発送は 2016 年 6 月頃となります。

ふりがな	
ご芳名	
送付先	〒 TEL.

お支払い方法：商品と一緒に郵便振替用紙を送付いたします。商品お受け取り後に郵便局にてお支払いをお願い申し上げます。

ポイント

英語の **pierce** は「突き通す」「穴をあける」という意味の動詞で、日本語の「ピアス」に当たる英語は、**pierced earring**「耳にあけた穴につけるイヤリング」となります。しかし最近では、**pierced earring** のことも単に **earring** と呼ぶのが一般的です。英語では、日本語のように「イヤリング」と「ピアス」を区別することが少なくなっていると言えます。

「催事場」は **an exhibition hall** や **an exhibition space** と言います。「出店している」は、「参加する」という意味の **participate** を使って **be participating** としたり、「ここにいる」という意味の **be here** を使ったりします。たとえば「今月末まで出店しています。」は、**We are here until the end of the month.** と表現できます。

別表現

- I'd like some earrings and a pearl necklace.
- The first floor has a specialty shop. If you're interested, there's a pearl event going on in the fifth floor exhibition space right now.
- Is the event different from the shop on the first floor?
- Ten shops from around the country are here until the end of the month.

ボキャブラリー&センテンス

- pearl necklace「真珠のネックレス」
- pierce「突き通す」「穴をあける」
- (pierced) earring「ピアス」
- exhibition hall / exhibition space「催事場」
- be participating in the event「イベントに出店している」

37 デパート⑥

軽くて、耐久性にすぐれている漆器の取り扱いは、注意すればそれほど難しくありません。このダイアログでは、漆器の取り扱いについてお客様に説明しています。

- **Do you have any lacquered tableware?**
- **Yes, we have a tableware section on the fifth floor.**

....

- **Can I put hot things in this bowl?**
- **Yes, you can even use it for hot soup.**
- **Can I use it in the microwave?**
- **No, please don't put it in a microwave or in a dishwasher.**

・・・・・・・・・・・・・・・・・・・・・・・・・・・・・・・・・

- 漆器はありますか？
- はい、5階の食器売り場にございます。

....

- （5階の売り場で）この器は熱いものを入れても大丈夫ですか？
- はい、熱いスープを入れても使えます。
- 電子レンジで使ってもいいですか？
- いいえ、電子レンジや食器洗い機ではご使用にならないでください。

🧑 ポイント

漆器や漆でできた工芸品をまとめて **lacquer** と呼びますが、**lacquer** は「固く光沢のある塗装」のことを指すため、揮発性塗料の総称としても使われます。「漆」であることを明確に伝えるには、**japan** あるいは **japan ware** と言うといいでしょう。**japan** を「漆器」の意味で使うとき、頭文字の **j** は小文字になります。中国発祥の「陶磁器」**china** も頭文字は小文字です。

Please don't put it in a microwave or in a dishwasher. は「電子レンジや食器洗い機には入れないでください。」という意味ですが、この言い方はそのまま覚えておくと便利です。「安全な」という意味の **safe** を使って、**It's not safe in a microwave or in a dishwasher.** と言うこともできます。

⬇ 別表現

- 🙂 Is there any lacquerware?
- 🏛 Yes, there's a lacquered tableware section on the fifth floor.

- 🙂 Is it okay to put hot things in this bowl?
- 🏛 Yes, you can use it for hot soup too.
- 🙂 Is it microwave-safe?
- 🏛 No, it's not safe in a microwave or in a dishwasher.

✳ ボキャブラリー&センテンス

- lacquered tableware / lacquerware / japan ware「漆器」
- microwave「電子レンジ」
- microwave-safe「電子レンジ使用可の」
- dishwasher「食洗機」

38 デパート⑦

デパートでは、イベントやセールなど特殊な場合を除いて、基本的に店頭で値引きはしていません。値下げされている商品は、それが、ディスプレイに使われていたものだったり、傷が付いていたりする「訳あり商品」の場合がほとんどです。お客様に値下げの理由を聞かれることがあるかもしれませんね。

- **Why is this 15 percent off?**
- **It was a display item.**
- **I see. That's a big saving, but do you think you could reduce it by another five percent?**
- **I'm sorry, but I'm not able to discount it any further.**
- **I see. Well, I'll take it. Please wrap it up.**

- どうしてこれは15%引きなんですか？
- 展示品だったからです。
- なるほど。かなりお得ですが、あと5％割引してもらえませんか？
- 申し訳ございませんが、これ以上のお値引きはいたしかねます。
- そうですか。じゃあ、買います。包んでもらえますか？

ポイント

Why is this 15 percent off? は「どうしてこれは15%引きなんですか?」という意味です。**There is 〜 .**「〜がある。」と組み合わせて、**Why is there a 15 percent off?** と言うこともできます。

この理由として、**It was a display item.**「展示品でした。」という説明がされています。**It was displayed for a while in the store.**「店内にしばらく展示されていました。」と言い換えることもできます。

「5％安くする」は、**reduce by five percent** や、**take off five percent** というフレーズで表現できます。**reduce it by another five percent** は、「あと5パーセント割引きする」という意味です。

「これ以上割引できません。」と言うときは、**further** を使って、**I'm not able to discount it any further.** と言うことができます。

別表現

- Why is there a 15 percent discount?
- It was displayed for a while in the store.
- I see. That's a good deal. It'd be great if you could take off another five percent, though.
- Unfortunately, I'm not able to do that.
- Okay, I'll take it. Please wrap it up for me.

ボキャブラリー&センテンス

- display item / be displayed for a while in the store
  「展示品（店内でしばらく展示される）」
- That's a big saving. / That's a good deal.「お買い得だ。」
- reduce 〜 by ○ % / 〜 take off ○ %「（〜を）○%割引する」
- not 〜 any further「これ以上は〜でない」

デパート

39 デパート⑧

デパートでは、お手洗いの場所を尋ねられたり、子供を預けられる場所を聞かれたりすることがあります。自分の持ち場だけではなく、全館の施設のご案内ができるように心がけましょう。

Where are the restrooms?

On each floor, they're on the other side of the elevators.

Thanks. Also, is there a children's play area?

Yes, there's one on the seventh floor.

Can my husband go in too? I want to leave the kids with him while I do some shopping.

That's no problem. Have a good day.

・・

お手洗いはどこですか？
各階の、エレベーターの裏側にございます。
ありがとうございます。それと、キッズルームはありますか？
はい。7階にございます。
夫も中に入れますか？ 私が買い物をする間、子供を彼にまかせたいのですが。
大丈夫ですよ。どうぞお楽しみください。

ポイント

Where are the restrooms? は「トイレはどこですか？」という意味ですが、**the restroom** の代わりに **the toilet** を使ったり、女性なら **the powder room** と言ったりします。また、本来は「家のトイレ」を意味する **bathroom** を使うこともあります。どの単語を使われても、即座に対応できるようにしておきましょう。

on the other side of the elevators は「エレベーターの裏手に」という意味です。「〜の裏手に」は、**on the other side of** 〜 のほかに、**opposite** 〜 や **in the back of** 〜 という表現を使うこともできます。

デパートなどの「キッズルーム」は **children's play area** や **kids play area**、また、「保育室」「託児室」は **nursery** と言います。

別表現

- Where is the bathroom?
- They're opposite the elevators on each floor.
- Thank you. By the way, could I ask you if you have a kids play area?
- Yes, on the seventh floor.
- Can my husband go in? I want him to watch the kids while I shop.
- Yes, he can. Have fun.

ボキャブラリー&センテンス

- restroom / bathroom / toilets / powder room
  「お手洗い」「トイレ」「化粧室」
- on the other side of 〜 / opposite 〜 / behind 〜 / in the back of 〜「〜の裏に」
- children's play area / kids play area「キッズルーム」

40 デパート ⑨

デパートによっては、外国人の方のためのサービスカウンターを設けているところがあります。スタッフが売り場までお客様をご案内したり、免税の手続きや、買い物がスムーズにできるよう通訳のサービスをするところも増えています。

- **There's a service counter for foreign customers on the second floor.**
- **Oh, really? What kind of services are available?**
- **English and Chinese interpreters.**
- **Oh, that's really helpful!**
- **We also have a system called Shopping Attendant Service where our staff will guide you around the store.**

- 2階に、外国人のお客様用のサービスカウンターがございます。
- え、本当ですか? どのようなサービスを提供しているのですか?
- 英語と中国語の通訳がおります。
- ああ、それはとても助かりますね!
- 「お買いものアテンドサービス」というシステムもございます。スタッフが、店内をご案内いたします。

ポイント

「サービスカウンター」は、英語でも **a service counter** と言います。「どのようなサービスが利用できますか？」「どのようなサービスを提供しているのですか？」は、**What kind of services are available?** と言いますが、**kind of** を使わずに、**What services are available?** と言うこともできます。

「通訳」は **an interpreter** です。「英語と中国語の通訳」は **English and Chinese interpreters** です。**There's guidance in English and Chinese.**「英語や中国語でアドバイスをする。」のように言うこともできます。

Shopping Attendant Service は、「お客様に付き添って、買い物のアドバイスをするサービス」というイメージです。ショッピングアテンダントは和製英語なので、**guide you around the store**「店内を案内する」や **help you as you shop**「買い物を手伝う」などのフレーズを使って説明し、どんなサービスなのかお客様に理解していただきましょう。

別表現

- The second floor has a service counter for foreign customers.
- Really? What services are available?
- There's guidance in English and Chinese.
- How helpful!
- We have a Shopping Attendant Service too. Our staff will help you as you shop.

ボキャブラリー&センテンス

- available「利用できる」「入手できる」
- interpreter「通訳」

41 デパート⑩

デパートの地下にある食品売り場は、「デパ地下」として外国人にもよく知られています。お惣菜の試食コーナーが充実していて、新たな観光地として注目を集めている場所でもあります。おすすめする時は、商品の特徴を短い言葉で説明できるようにしておくといいですね。

> **Wow, there are so many different dishes! Where's the tempura corner?**
>
> **Go straight down this aisle and it's at the end. Would you like to try some pickles from Kyoto first?**
>
> **Delicious! The pink color is pretty. Do they keep long?**
>
> **They're vacuum-packed, so they'll last two months even at room temperature.**

- わあ、いろいろな料理があるんですね! 天ぷらコーナーはどこですか?
- この通路をまっすぐお進みいただくと、突き当りにございます。その前に、京都のお漬物を試食してみませんか?
- おいしいです! ピンク色できれいですし。日持ちはしますか?
- 真空パックされていますので、常温でも2か月は持ちます。

👤ポイント

「デパ地下」という言葉を知っている外国人も多いため、**I'd like to go to depa-chika.**「デパ地下に行きたいのですが。」と声をかけられることもあるでしょう。「デパ地下」の説明が必要なら、**the food hall located at the basement level of a department store**「デパートの地下にある食料品売り場」と言えばわかってもらえます。

「天ぷら」は、そのまま **tempura** です。「天ぷら売り場」は、**tempura corner** あるいは **tempura section** です。

Would you like to try ～? は「～をお試しになりませんか？」「～を試食してみませんか？」という意味です。

Do they keep long? は「それは日持ちしますか？」という意味です。**Do they last a long time?** という表現もあります。

⬇ 別表現

- There are so many different kinds of food! Where's the tempura section?
- It's at the end of this corridor. Before that, would you like to try some pickles from Kyoto?
- How delicious! The pink is pretty. Do they last a long time?
- Since they're vacuum-packed, they'll last for two months at room temperature.

✳ ボキャブラリー&センテンス

- at the end「突き当たり」
- pickles「漬け物」
- keep long / last a long time「日持ちがする」
- vacuum-packed「真空パックの」

42 デパート⑪

お惣菜の量り売りでは、量によって金額が変わります。量が多めになってしまった時は金額もお伝えし、お客様のご希望を確認しましょう。

> **Is this sold by weight?**
>
> **Yes, this seafood marinade is 360 yen plus tax for 100 grams.**
>
> **Could I get 300 grams separated into two containers?**
>
> **No problem. Ah, I put in a little extra, is that okay? It'll be 1,190 yen in total.**
>
> ・・・・・・・・・・・・・・・・・・・・・・・・・・・・・・・・・・
>
> これは量り売りですか?
>
> はい、こちらのシーフードマリネは、100グラムあたり税別で360円です。
>
> 300グラムを、2つに分けてもらえますか?
>
> かしこまりました。あ、少し余計に入れてしまいましたが、よろしいですか? 合計で1,190円になります。

🧑 ポイント

sell by weight は「量り売りをする」ということですが、**weight** の代わりに **measure** を使って、**sell by measure** とも言います。

日本語では「100グラムで360円」と言いますが、英語では **360 yen per 100 grams** や **360 yen for 100 grams** と表現します。

Could I get 300 grams separated into two containers? は、「300グラムを、2つの容器に分けて入れてもらえますか?」という意味。**Could I have two-150 grams?**「150グラムを2つください。」と言われる場合もあります。

お客様の希望の分量より多めに入れてしまったら、**extra**「余分の」を使って **I put in a little extra.** のように言います。**a little over ~**「~を少し超えて」を使って、**They're a little over 150 grams.** と言うこともできます。

⬇️ 別表現

🙂 Do you sell it by measure?

🏬 Yes, this seafood marinade is 360 yen per 100 grams plus tax.

🙂 Could I have two-150 grams?

🏬 Okay. Um, they're a little over 150 grams. The total will be 1,190 yen, if it's okay.

✳️ ボキャブラリー&センテンス

- sell by weight / sell by measure「量り売りする」
- marinade「マリネ」
- ~ yen per 100 grams / ~ yen for 100 grams「100グラムで~円」
- ~ separated into two containers「2つの容器に分けた~」
- a little extra / a little over「少し余分な量」

43 デパート⑫

お惣菜やデザートには、賞味期限が短いものが多く、特に生ものは、なるべく早くお召し上がり頂きたいものです。持ち歩く時間をお伺いし、保冷剤の量も調節しましょう。

When's the expiration date for this?

This is raw, so please consume it today.

Ah, I see. Could you pack it with an ice pack?

Certainly. How long will you be carrying it for?

About 40 minutes. No, maybe one hour.

In that case, I'll add some extra ice packs.

• •

- これの賞味期限はいつですか？
- 生ものですので、本日中にお召し上がりください。
- ああ、そうですか。保冷剤を入れてもらえますか？
- かしこまりました。お持ち歩きのお時間はどのくらいですか？
- 40分ぐらいです。いや、1時間ですね。
- では、保冷剤を多めに入れておきます。

🧑 ポイント

expiration とは「期限が切れること」。**When's the expiration date for this?** は「賞味期限はいつですか？」という意味です。「賞味期限」や「消費期限」は、「いつまでに消費すればいいか」ということなので、**a use-by date** とも言います。

「生もの」は **a raw thing** です。**Please consume it today.** は「本日中にお召し上がりください。」ですが、**by the end of the day**「今日の終わりまでに」を使って、**Please eat it by the end of the day.** と言うこともできます。

「保冷剤」にあたる専門用語は **refrigerant** ですが、**ice pack** と言うのが一般的です。また、保冷できる容器のことは **cold box** と言います。

⬇ 別表現

- 🧑 Does this have a use-by date?
- 🛍 It's raw, so please eat it by the end of the day.
- 🧑 Oh, okay. Could you pack it on ice?
- 🛍 Certainly. How far will you be walking with it?
- 🧑 Maybe about 40 minutes, or an hour.
- 🛍 I'll add some extra ice packs, then.

✳ ボキャブラリー&センテンス

- expiration date / use-by date「賞味期限」
- consume「消費する」
- Please consume it today. / Please eat it by the end of the day.「本日中にお召し上がりください。」
- ice pack「保冷剤」

44 デパート⑬

買ったものを売り場の奥で食べることができる「イートインコーナー」も人気です。食べた後に、持ち帰りの分を購入することもでき、リピーターになるお客様もいらっしゃいます。

- 🟩 **We also have a dining area, so please feel free to use it.**
- 🐼 **Can I eat sukiyaki here?**
- 🟩 **Yes. We have a small-sized single serving of sukiyaki called one-person sukiyaki.**
- 🐼 **A single serving of wagyu beef? Yes, please.**
- 🟩 **That comes to 1,800 yen for the set with rice, miso soup and pickles.**

・・・・・・・・・・・・・・・・・・・・・・・・・

- 🟩 イートインコーナーもございますので、ご自由にご利用ください。
- 🐼 すき焼きがここで食べられるんですか？
- 🟩 はい。「お1人様用すき焼き」という、1人前のすき焼きがございます。
- 🐼 1人前の和牛なんですね？　それ、いただきます。
- 🟩 ごはん、お味噌汁、お漬物が付いたセットで、合計1,800円になります。

🧑 ポイント

日本では、「買ったものを店内で食べられる場所」のことを「イートインコーナー」と呼びますが、実はこれは和製英語です。**eat in** という英語は、**eat out**「外食する」に対して「家で食事する」という意味を表すフレーズ。たとえば **Do you prefer eating out to eating in?**「あなたは、家で食べるよりも、外食のほうが好きですか?」のように使います。そのため、**eat-in section** というと、お客様が混乱してしまうかもしれません。**dining area**「食べるための場所」と説明するといいでしょう。

single serving は、「1人前」という意味です。**a small-sized single serving of sukiyaki** は「1人前のすき焼き」となります。

⬇ 別表現

- 🏪 Please feel free to use the dining area as well.
- 🧑 Can I eat sukiyaki here?
- 🏪 Yes. We have small, single servings of sukiyaki called one-person sukiyaki.
- 🧑 It's one serving of wagyu beef? I'll have that, please.
- 🏪 The set with rice, miso soup and pickles is 1,800 yen.

✳ ボキャブラリー&センテンス

- Please feel free to ～.「どうぞご自由に～してください。」
- We have a dining area.「イートインコーナーがあります。」
- small-sized single serving「1人分の(少ない)料理」
- set with ～「～が付いたセット」

45 デパート⑭

ギフト用のラッピングを頼まれたら、お客様のご希望を伺い、無料でできるシンプルなタイプや、有料のギフトボックスなど、ご用意できるラッピングの種類を説明しましょう。箱や包装紙、リボンのサンプルなどを用意しておくと、お客様も選びやすいでしょう。

> **Would you be able to gift-wrap this?**
>
> **Certainly. I'll put it in a box, which will cost 250 yen. Will that be okay?**
>
> **That's fine. What kind of wrapping paper do you have?**
>
> **Please choose from these options. You can also choose a matching ribbon.**
>
> **This one is gorgeous! This one, please.**
>
> **I'll also add a message card.**

- ギフト用の包装をお願いできますか？
- かしこまりました。箱にお入れしますので、250円かかります。それでよろしいですか？
- 大丈夫です。どんな包装紙がありますか？
- こちらの中からお選びください。リボンも、包装紙にあわせてお選びいただけます。
- これ、すてきですね。これでお願いします。
- メッセージカードもおつけしておきます。

ポイント

gift-wrap は、「〜をギフト用に包む」という意味の動詞です。**Would you be able to gift-wrap this?** で、「これをプレゼント用に包んでもらえますか？」となります。

I'll put it in a box, which will cost 250 yen. は、「箱にお入れしますので、250円かかります。」という意味です。**It will cost 250 yen to put it in a box** と言うこともできます。追加の費用がかかることになるので、**Will that be okay?** や **Is that okay?** などと、お客様に確認することを忘れないようにしましょう。

Please choose from these options. は「こちらの選択肢の中からお選びください。」という意味ですが、**selection** を使って、**Please choose from this selection.** と言うこともできます。**selection** は「選ばれた複数のものの集まり」というニュアンスなので、複数形にはせず、単数形で用います。

別表現

- Could you gift-wrap this for me?
- Sure. It will cost 250 yen to put it in a box, is that okay?
- That's fine. What kind of wrapping paper do you have?
- Please choose from this selection. We also have matching ribbons.
- This one is gorgeous! This one, please.
- I'll add a message card too.

ボキャブラリー&センテンス

- **gift-wrap**「ギフト用に包む」
- **wrapping paper**「包装紙」
- **matching**「合う」

46 デパート⑮

お買い上げの商品が重くて、持ち帰るのがたいへんそうだと思ったら、お客様の代わりにエレベーターやお車まで運ぶこともできます。また、配送サービスが手配できるならその旨もお伝えしてみましょう。

> **This is going to be quite heavy.**
>
> **Ah, I see.**
>
> **I'll help you take it to the elevator. Or we can deliver it to you, if you'd prefer.**
>
> **Delivery? Can you deliver it to my hotel?**
>
> **Certainly. We'll send it immediately.**
>
> ・・・・・・・・・・・・・・・・・・・・・・・・・・・・・・・・・・・
>
> こちらは、かなりの重さになりますが。
>
> ああ、そうですね。
>
> エレベーターまで運ぶのをお手伝いいたします。あるいは、配送することもできます。
>
> 配送? 私が泊まっているホテルまで送っていただけますか?
>
> かしこまりました。早速お送りいたします。

ポイント

This is going to be quite heavy. と、「未来」を表す **be going to** を使っているのは、「今ももちろん重いでしょうけど、これから持ち帰るのがたいへんそうですね。」「かなりの重さになりそうですね。」という気遣いのあらわれです。

I'll help you take it to the elevator. は、「エレベーターまで運ぶのをお手伝いします。」という意味ですが、**take** の代わりに **carry** を使うこともできます。

We can deliver it to you. は「配送できます。」という意味です。文末に、「もしよろしければ」という意味の **～ , if you'd prefer.** や **～ , if you'd like.** などの表現をつけることで、お客様のご希望を伺います。

We'll send it immediately. の **immediately** は「即座に」「直ちに」という意味ですが、代わりに **right away** を使うこともできます。

別表現

- This will be pretty heavy.
- Yeah, you're right.
- I'll help you carry it to the elevator, or we can deliver it to you if you'd like.
- Deliver? Could you deliver it to my hotel?
- Absolutely. We'll send it right away.

ボキャブラリー&センテンス

- You're right.「確かにそうですね。」
- ～ , if you'd prefer. / ～ , if you'd like.「もしよろしければ～」
- immediately / right away「即座に」「直ちに」

47 コンビニ①

お客様がお弁当を買ったら、必ず「あたためますか？」のひと言を忘れないようにしましょう。お弁当のほかにも何か買われた場合は、温かいお弁当と同じ袋に入れてもいいかどうか確認しましょう。

- **Shall I heat up your bento?**
- **Please. Ah, actually, you don't need to. But could I get some of those white and yellow round buns too?**
- **The meat bun and the curry bun, right? How many would you like?**
- **One of each, please.**
- **Is it okay if I put them in the same bag as your bento?**

・・・・・・・・・・・・・・・・・・・・・・・・・・・・・・・・

- お弁当、温めましょうか？
- お願いします。あ、やっぱり結構です。あの白い丸いパンと黄色い丸いパンもいただけますか？
- 肉まんとカレーまんですね？　おいくつでしょうか？
- 1つずつください。
- お弁当と同じ袋に入れてもよろしいですか？

ポイント

「お弁当は温めますか？」は、**Shall I heat up your bento?** または、**Would you like your bento heated up?** となります。

「いくつ必要ですか？」は、**How many would you like?** と聞くのが丁寧ですが、**How many?** だけでも問題ありません。**One of each, please.** は「1つずつください。」、**I'll take one of each.** は「1つずつ買います。」という意味です。

Is it okay if I put them in the same bag as your bento? は「これらを、お弁当と同じ袋に入れてもいいですか？」という意味です。これを、**Is it okay to put everything in the same bag?**「全部を同じ袋に入れてもいいですか？」と言い換えることもできます。

別表現

- Would you like your bento heated up?
- Thank you, but no thank you. Could I also get some yellow and white round buns?
- The meat bun and the curry bun? How many?
- I'll take one of each.
- Is it okay to put everything in the same bag?

ボキャブラリー&センテンス

- Shall I 〜 ? / Would you like 〜 ?
  「〜しましょうか？（〜がいいですか？）」
- heat up 〜 / 〜 heated up「〜を温める」
- bun「丸いパン」
- put them in the same bag as 〜「〜と同じ袋に入れる」
- put everything in the same bag「(全部を同じ袋に入れる)」

48 コンビニ ②

コンビニには、新作や限定商品のほかに、オリジナル商品を開発しているところもありますね。海外のお客様には、見ただけでは味の想像がつきにくいものもあるでしょう。イートインコーナーで食べられることを伝え、コーヒーなどの飲み物も一緒にすすめてみましょう。

> **Are these sweets?**
>
> **Yes. They're a special combination of Japanese and Western sweets. They're only on sale until the end of the month.**
>
> **I like Japanese sweets too, so I'll give them a try.**
>
> **They go well with hot coffee.**
>
> **I'd like to have them now with coffee, then. Is there a place to sit down?**
>
> **Yes, there's a space on the left side of the entrance.**
>
> ・・・・・・・・・・・・・・・・・・・・・・・・・・・・・・・
>
> これはお菓子ですか？
>
> はい、和菓子と洋菓子を組み合わせたものです。今月末までの限定販売となっております。
>
> 私は和菓子も好きなので、試してみたいです。
>
> 熱いコーヒーによくあいますよ。
>
> じゃあ、早速コーヒーと一緒に食べてみたいです。どこか座れるところはありますか？
>
> はい、入口の左側にスペースがございます。

これで安心！売り場の接客英会話

ポイント

英語の **sweets** は「お菓子全般」を指す言葉です。英語では **candy** も「飴」のことだけを指すのではなく、**sweets** と同様、「お菓子全般」を指す言葉として使われています。

a special combination of Japanese and Western sweets は、「和菓子と洋菓子のコラボ」といったニュアンスです。「コラボ」は「コラボレーション」の略ですが、英語の **collaboration** は「共同制作」という意味なので、「違う要素を組み合わせる」という場合には、**combination** を使うのが自然です。

「期間限定」は、**only on sale until ～**「～までの限定販売で」というフレーズを使って、**They're only on sale until the end of this month.**「今月末までの限定販売です。」などと表現します。

別表現

- Is this candy?
- Yes. It's a special combination of Japanese and Western candies. It's only for sale this month.
- Let me have one since I love Japanese candies too.
- They go well with hot coffee.
- Wow, I'm going to have it now! Coffee too, please. Can I sit down somewhere?
- Yes, there's a sitting area to the left of the entrance.

ボキャブラリー&センテンス

- sweets / candy「菓子」
- only on sale until ～「～までの限定販売で」
- go well with ～「～と一緒だとよく合う」

49 コンビニ③

いつ行っても便利な商品がそろっているコンビニですが、万が一、お客様のほしいものが売り切れてしまっていたら、その旨をお伝えし、お詫びの言葉を添えましょう。

> **Do you sell batteries?**
>
> **Yes, they're on the opposite side of that aisle. Do you know what size you need?**
>
> **You have AA size, right? I'd like to get a pack.**
>
> **I'm pretty sure we have some. Let's have a look.**
>
> **Hmm, there aren't any.**
>
> **I'm sorry. The ones on the shelf are all we had left, and it seems they've sold out.**

・・・・・・・・・・・・・・・・・・・・・・・・・・・・・・・・・・

乾電池はありますか？

はい、そちらの通路の反対側にございます。必要なサイズはおわかりですか？

単3はありますか？ パック売りのものがほしいのですが。

確かあったはずです。見てみましょう。

う～ん、ないですね。

申し訳ありません。店頭に出ているものしかありませんので、売り切れてしまったようです。

ポイント

Do you sell batteries?「乾電池はありますか？」の **Do you sell ～?** は、「こちらの店で～を売っていますか？」というニュアンスなので、**Do you have ～?** と言い換えることもできます。また、**Do you know what size you need?** は、「いろいろなサイズがありますが、必要なサイズはわかりますか？」というニュアンスです。

AA size は、日本の「単3」に相当するサイズです。また、**a pack** は「何本かまとめてパックになっている商品」を指しています。

I'm pretty sure ～. は「確か～だと思います。」というニュアンスなので、**～, if I'm not mistaken.**「私が間違っていなければ、～」と言い換えることもできます。

on the shelf は「店頭にある」という意味です。

別表現

- Do you have batteries?
- Yes, on the other side of that aisle. Do you know what size you want?
- Do you have double A? I'd like a pack.
- We do, if I'm not mistaken. Let's take a look.
- I don't see them.
- I'm sorry. If they aren't on the shelf then they must have sold out.

ボキャブラリー＆センテンス

- Do you sell ～? / Do you have ～?
  「こちらの店で～を売っていますか？」
- I'm pretty sure ～.「確か～だと思います。」
- ～, if I'm not mistaken.「私が間違っていなければ、～」

50 コンビニ④

お会計のときは、お客様にお得な情報を伝えられるチャンスでもあります。お客様の足を止めない程度の情報を、テンポよく伝えられるといいですね。

> **Would you like chopsticks or a spoon?**
>
> **No, I don't need either.**
>
> **I see, thank you. The 50 yen discount on onigiri runs until tomorrow, so please come again.**
>
> **Okay. I'll come and buy 10 onigiri tomorrow. I'm going hiking with some people.**
>
> **Wow, that's exciting!**
>
> ・・・・・・・・・・・・・・・・・・・・・・・・・・・・・・・・・・・・・・
>
> お箸かスプーンをおつけしますか？
>
> いいえ、どちらも結構です。
>
> そうですか、ありがとうございます。おにぎりの50円引きは明日までとなっておりますので、またお越しください。
>
> わかりました。明日、おにぎりを10個買いに来ます。みんなでハイキングに行くんです。
>
> そうですか、それは楽しみですね！

108　これで安心！売り場の接客英会話

🧑 ポイント

外国人が日本人に聞かれて不思議に思う質問の１つが、**Can you use chopsticks?**「お箸は使えますか？」です。お箸は、中華料理などでも使うので、基本的に「誰でもある程度は使えるもの」と思っていいでしょう。日本人に対して聞くのと同じように、**Would you like some chopsticks or a spoon?**「お箸かスプーンをおつけしますか？」と聞けば問題ありません。

I don't need either. は、「どちらも必要ありません。」という意味です。また、ここでは、**No, I'm fine.**「いいえ、結構です。」も、「箸もスプーンも、どちらも必要ない。」という意味になります。

The discount runs until tomorrow. は「割引きは明日までやっています。」ですが、**The discount ends tomorrow.**「割引きは明日終わります。」と言い換えることもできます。

⬇ 別表現

- 🏪 Would you like chopsticks or a spoon?
- 🧑 No, I'm fine.
- 🏪 Okay, thank you. The 50 yen discount on onigiri ends tomorrow, so please come again.
- 🧑 Okay. I'll buy 10 tomorrow because I'm going hiking with my friends.
- 🏪 Wow! That sounds like fun!

✳ ボキャブラリー&センテンス

- ~ runs until tomorrow. / ~ ends tomorrow.「〜は明日まで。」
- go hiking「ハイキングに行く」
- That's exciting! / That sounds like fun!
「それは楽しみですね！」

51 コンビニ⑤

コンビニのコピー機は、基本操作はほとんど同じですが、お店によって、お金を入れる場所が違ったり、コピーをした後にまとめてレジで支払ったりする場合があります。このようなちょっとした違いで戸惑ってしまうお客様も少なくありません。コピー機のあたりで戸惑っている人がいたら、声をかけてみましょう。

> **Excuse me, I'm having trouble using the photocopier.**
>
> **I'll be right there.**
>
> **I think I did it right, but nothing's happening.**
>
> **Did you choose the paper size and color?**
>
> **I'm pretty sure I didn't miss such a simple thing.**
>
> **Ah, I see. You haven't inserted any money yet.**
>
> ・・・・・・・・・・・・・・・・・・・・・・・・・・・・・・・・
>
> すみません、コピーがうまくとれないのですが。
> 少々お待ちください。
> ちゃんとやったのに、作動しないんです。
> 用紙サイズやカラーは設定なさいましたか？
> そんな簡単なこと、僕が間違えるわけないよ。
> あ、わかりました。お金を入れていないので、機械が動かないんです。

110　これで安心！売り場の接客英会話

ポイント

英語では「コピー機」のことを **photocopier** と呼ぶのが一般的ですが、より日本語に近い **copy machine** という言い方もあります。**I'm having trouble using 〜 .** は、「〜を使うことに問題がある。」、つまり「〜がうまく使えません。」という意味です。また、**I don't know how to use 〜 .** で「〜の使い方がわかりません。」となります。

I'll be right there. は、「すぐそちらに行きます。」、つまり「少々お待ちください。」という意味です。英語では、「相手のほうへ行く」場合にも **come** を使うので、**I'll come help you.** と言うこともあります。

機械などに「お金を入れる」は、**insert** という動詞を使います。**You haven't inserted any money yet.** は、「あなたは、まだお金を入れていません。」という意味です。

別表現

- Umm, I don't know how to use the copy machine.
- I'll come help you.
- I've selected everything, so I don't know why it won't work.
- Did you choose the paper size and toner setting?
- It's pretty simple, so I don't think I'd get it wrong.
- Oh, I got it. It won't copy because you haven't inserted any money.

ボキャブラリー&センテンス

- photocopier / copy machine「コピー機」
- I'm having trouble using 〜 . / I don't know how to use 〜 .
「〜がうまく使えません。」「〜の使い方がわかりません。」

52 コンビニ ⑥

アルコールを購入されるお客様には、レジの横のタッチスクリーンで年齢を承認していただく必要があります。これは、20歳以上であることを確認するためだということを、きちんと説明しましょう。

> **Next in line, please! Would you like a bag?**
>
> **Yes, please. How much does it come to?**
>
> **It's 800 yen. Uh, please touch the screen.**
>
> **Huh? What for?**
>
> **You're buying beer, so you need to confirm that you're older than 20.**
>
> ・・・・・・・・・・・・・・・・・・・・・・・・・
>
> お次にお待ちのお客様、どうぞ！　袋はご利用になりますか？
>
> ええ、お願いします。いくらになりますか？
>
> 800円になります。あ、画面にタッチをお願いします。
>
> え？　どうしてですか？
>
> ビールを買われるので、年齢が20歳以上だということを、お客様に確認していただく必要があるのです。

ポイント

Next in line, please! は、列に並んで待っているお客様に対し、「お次の方どうぞ！」と声をかける時に使います。**Next, please.** でもいいですし、**Next!** や **Who's next?** という言い方もアメリカではよく使われています。

最近のコンビニでは、年齢確認のためにスクリーンをタッチさせることが多いですが、**Please touch the screen.**「スクリーンをタッチしてください。」と言うだけでは、**What for?**「どうしてですか？」と聞き返されてしまいそうですね。**You need to confirm that you're older than 20.**「20歳以上だということを、お客様ご自身に確認していただく必要があります。」と、理由の説明ができるようにしておきましょう。

別表現

- Next, please. Will you be using a bag?
- Yes, please. How much will that be?
- It's 800 yen. I'm sorry, but could you touch the screen, please?
- Why?
- You need to confirm you're over 20 since you're buying beer.

ボキャブラリー＆センテンス

- Next, please. / Next in line, please.「お次の方どうぞ。」
- What for? / Why?「なぜ？（何のために？）」
- confirm「確認する」

53 コンビニ⑦

急な雨でも傘が買えるコンビニは、本当に便利です。このダイアログでは、お客様が買ったものをすぐに使う時の会話例を紹介しています。精算済みの印として、シールやテープを貼ることが多いですね。

Do you have umbrellas?

Oh, is it raining? I'm sorry, I didn't realize that. I'll put the umbrellas out right away.

How much are they?

They're 500 yen. Would you like to use it right away?

Yes.

Let me put this sticker on your umbrella to show you've paid for it.

・・・・・・・・・・・・・・・・・・・・・・・・・・・・・・・・・・・

傘はありますか？

え、雨が降っていますか？ 申し訳ありません、気が付きませんでした。すぐに傘をお出しいたします。

おいくらですか？

500円になります。すぐにお使いになりますか？

ええ。

精算が済んだことを示す、こちらのシールを傘にお貼りいたします。

ポイント

realize は「気がつく」という意味です。**I'm sorry, I didn't realize that.**「すみません、気がつきませんでした。」の **realize** の代わりに **know** を使って、**Oh, sorry, I didn't know.** と言うこともできます。

I'll put the umbrellas out right away. の **put 〜 out** は「〜を店に出す」というときに使います。**put 〜 out** の代わりに **get 〜 out** を使うこともできます。

Let me put this sticker on your umbrella to show you've paid for it. は「精算済みであることを示す、こちらのシールを傘にお貼りします。」という意味ですが、海外でも **paid sticker**「精算済みシール」は一般的なので、**Is it okay if I put the paid sticker on it?**「清算済みシールを貼ってもいいですか？」という聞き方もできます。

別表現

- Do you have any umbrellas?
- Is it raining? Oh, sorry, I didn't know. I'll get some out.
- How much?
- It's 500 yen. Are you going to use it now?
- Yes.
- Is it okay if I put the paid sticker on it?

ボキャブラリー&センテンス

- I didn't realize.「気が付かなかった。」
- put 〜 out / get 〜 out「〜を店に出す」
- you've paid for it「それ（その商品）を支払済み」
- paid sticker「精算済みのシール」

コンビニ

54 郵便局①

郵便局の窓口で「切手をください」と言われた場合、お客様がどんな切手を買いに来たのか判断しなければなりませんね。今すぐ使う切手がほしいのか、記念切手がほしいのか、お客様の話をよく聞いて、親切な対応を心がけましょう。

- **What kind of stamps would you like?**
- **I'm sending these from Japan to North America, so, um...**
- **Postcards are 70 yen, letters are 110 or 190 yen.**
- **In addition to the 70-yen stamps, I'd also like to see the commemorative stamps.**
- **I recommend this Philately Week series. The artistic quality is very high and they're very popular.**

- どのような切手がよろしいでしょうか？
- これを日本から北米に送るので、ええと…
- はがきでしたら70円、封書ですと110円もしくは190円になります。
- 70円の切手と、それに記念切手も見たいのですが。
- こちらの切手趣味週間シリーズがおすすめです。芸術性が高く、とても人気がございます。

ポイント

What kind of stamps would you like? は「どのような切手がよろしいですか？」ですが、「いくら分の切手が必要ですか？」と聞くなら、「郵便料金」という意味の **postage** を使って、**How much postage do you need?** となります。

Postcards are 70 yen. で「はがきでしたら、70円です。」という意味ですが、**For a postcard it's 70 yen.** と言い換えることもできます。

commemorative stamps は「記念切手」のことです。ちなみに、「記念硬貨」は、**commemorative coins** と言います。アメリカにも、大統領の肖像が描かれた **Presidential $1 Coins**「大統領1ドル硬貨」や、50州それぞれの特徴が描かれた **the 50 State Quarters**「50州25セント硬貨」などといった記念硬貨があります。

別表現

- What kind of stamps would you like?
- I'm sending this to North America, so...
- For a postcard it's 70 yen. For a letter you would need either a 110 or 190-yen stamp.
- Other than the 70-yen stamps, I'd also like to take a look at the commemorative stamps.
- How about this Philately Week series? The artistry is really high and it's popular.

ボキャブラリー&センテンス

- postage「郵便料金」
- in addition to ～ / other than ～「～のほかに」
- commemorative stamps「記念切手」
- artistic quality / artistry「芸術性」

郵便局

55 郵便局②

記念切手など芸術性が高いものは、お客様が見やすいようにサンプルを用意しておきましょう。外国人に人気の干支のモチーフや浮世絵シリーズ、また、寿司や天ぷらをモチーフにした切手もあります。

- **This is a really gorgeous series.**
- **For high artistry stamps, we also have an Ukiyo-e series and a Buddhist statues series.**
- **May I have a look?**
- **I'm very sorry, but we only have the Ukiyo-e series at the moment.**
- **That's no problem. Wow, it's lovely! Five sheets, please.**
- **That comes to 4,100 yen.**

- とてもすてきなシリーズですね。
- 芸術性の高い切手としては、浮世絵シリーズや仏像シリーズなどもございます。
- 見せていただいてもいいですか？
- たいへん申し訳ありませんが、今は浮世絵シリーズしかございません。
- それで構いません。わあ、きれいですね！　シートを5枚ください。
- 4,100円になります。

🧑 ポイント

日本語の「ゴージャス」は「豪華な」というニュアンスが強いですが、英語の **gorgeous** は「美しい」「魅力的な」「きらびやかな」など、「見た目が華やかで美しいさま」を表す褒め言葉として使われます。また、**high artistry stamps** は、「芸術性の高い切手」という意味です。

at the moment は「今は」という意味。ダイアログでは、**at the moment** を使って「一時的に、今はこれしか置いていない」と伝えていますね。

That's no problem. は「構いませんよ。」というニュアンスで、**That's okay.** と言い換えることもできます。

lovely は「美しい」という形容詞で、ここでは **beautiful** とほぼ同じ意味で使われています。

⬇ 別表現

- 🧑 This series is really gorgeous.
- 🏛 We also have nice Ukiyo-e and Buddhist statues series.
- 🧑 Could I see them?
- 🏛 Unfortunately, we only have the Ukiyo-e series at the moment.
- 🧑 That's okay. How beautiful! Five sheets, please.
- 🏛 That'll be 4,100 yen.

✳ ボキャブラリー&センテンス

- gorgeous「豪華な」「美しい」「魅力的な」「きらびやかな」
- at the moment「今のところ」
- That's no problem. / That's okay.「構いませんよ。」

56 郵便局③

海外へ手紙や荷物を送るには、普通郵便や速達などの選択肢があることを伝えましょう。料金や届くまでにかかる日数を伝え、お客様のご希望を伺います。また、切手を貼るなら、きれいな切手を紹介して、お客様の好みに合ったものを選んでいただくこともできますね。

New Zealand

- **A letter to New Zealand? Would you like to send it regular or express?**
- **Regular is fine. How long will it take?**
- **About one week. For a 40-gram letter, it'll be 190 yen.**
- **It's a little bit special, so I'd like to use a nice stamp.**
- **That's a good idea. I'll help you choose some stamps that equal 190 yen.**

- ニュージーランドへの封書ですね。普通と速達のどちらがよろしいですか？
- 普通でいいです。届くまで、どのくらいかかりますか？
- 1週間ほどです。40グラムですので、190円になります。
- ちょっと特別な手紙なので、きれいな切手を使いたいのですが。
- それはいいですね。組み合わせて190円になるよう、切手選びをお手伝いいたします。

ポイント

Would you like to send it regular or express? は、「普通郵便と速達のどちらがよろしいですか？」という意味です。このように **send 〜 regular** で「〜を普通郵便で送る」となります。**by** を使って、**Would you like to send it by regular mail or express mail?** と言うこともできます。

お客様から **How long will it take?**「どのくらいで届きますか？」と聞かれたら、**About one week.**「1週間ぐらいです。」や **A week or so.**「1週間かそれくらいです。」などのように、かかる日数の目安をお伝えします。

It's a little special. は「ちょっと特別なので。」あるいは「せっかくなので。」といったニュアンス。**It's kind of special.** も、ほぼ同じ意味になります。日本の切手の図案は芸術性が高く、海外でも人気があります。きれいな記念切手は喜ばれるでしょう。

別表現

- A letter to New Zealand? Would you like to send it by regular mail or express mail?
- Regular is fine. How long will it take?
- A week or so. A 40-gram letter will cost 190 yen.
- It's kind of special, so do you have extra nice stamps?
- We sure do. I'll help you select stamps that total 190 yen.

ボキャブラリー&センテンス

- about one week / a week or so「だいたい1週間」
- equal「同じになる」
- choose / select「選ぶ」

57 郵便局 ④

郵便物はサイズと重さで送料が決まることを説明しましょう。また、船便、航空便、エコノミー便など、それぞれの特徴を説明して、お客様にとって都合のいい発送方法を選んでいただきます。

> I'd like to send this package to Canada, but I don't know how heavy it is.

> Okay, please put it on this scale and I'll weigh it for you. Is airmail okay?

> Yes, but I don't want to spend a lot of money.

> For airmail, we also have a service called SAL. It's faster than surface mail, but cheaper than airmail.

- この箱をカナダに送りたいのですが、重量はわかりません。
- かしこまりました。そちらの計量器の上に置いてください。重さを量ります。航空便でよろしいですか？
- ええ、でも、あまりお金をたくさん使いたくありません。
- 航空便としては、ほかにも SAL というサービスがございます。船便より早いのに、航空便より安くなります。

ポイント

「梱包されたもの」のことを、一般に **package** と呼びます。箱状のものだけでなく、筒状になっているものや、単に袋詰めになっているものも、すべて **package** です。

「重さがどのくらいあるかはわかりません。」は、**I don't know how heavy it is.** や **I'm not sure how much it weighs.** などと言います。重さがわからないときは、**scale**「計量器」の上に荷物を載せてもらい、**I'll weigh it for you.**「こちらで重さを量ります。」と申し出ます。

SAL とは **Surface Air Lifted** の略で、日本では「エコノミー航空便」と呼ばれています。日本国内と到着国内では船便として扱い、両国間は航空輸送するため、一般の航空便よりも安く送れるサービスです。

別表現

- I'd like to send this package to Canada, but I'm not sure how much it weighs.
- Please place it here on this scale. I'll weigh it for you. Is sending it by airmail okay?
- Yes, but I don't want to spend too much money.
- We have an economy airmail service called SAL. It's faster than surface mail and cheaper than airmail.

ボキャブラリー&センテンス

- scale「計量器」
- weigh「重さを計る」
- surface mail「船便」
- cheaper than 〜「〜より安い」

郵便局

58 郵便局⑤

箱などの荷物を郵送する際には、中身を確認し記入する必要があります。内容物に関しては、基本的に自己申告ですが、局員は窓口で簡単にお客様に中身を尋ねます。この際、いくつかの用語は必要なので、覚えておきましょう。

What are the contents?

Cosmetics and clothes.

Are there any combustible liquids?

No.

Okay, that's fine. Could you fill out this contents form, please?

・・

中身は何ですか？

化粧品と衣類です。

可燃性の液体は入っていますか？

いいえ。

わかりました、それなら大丈夫です。こちらの内容物申告書に記入をお願いできますか？

ポイント

荷物の中身を確認するときには、**What are the contents?** や **What's inside?**「中身は何ですか？」と声をかけます。

また、可燃性の液体を郵送することはできないため、**Are there any combustible liquids?**「可燃性の液体は入っていますか？」と確認することも不可欠です。**combustible**「可燃性の」を、ほぼ同じ意味の **flammable** で言い換えて、**Are there any flammable liquids?** と言ってもいいでしょう。

Could you fill out this contents form, please? は「こちらの内容物申告書に記入してください。」という意味ですが、申告書を手渡しながらの場合は、**Please fill out this form.**「こちらの書類に記入してください。」と言えば十分です。**fill out 〜** は「〜に記入する」という意味です。

別表現

- What's inside?
- Cosmetics and clothes.
- Are there any flammable liquids?
- No, there are not.
- Okay, Please fill out this form.

ボキャブラリー&センテンス

- What are the contents? / What's inside?「中身は何ですか？」
- cosmetics「化粧品」
- clothes「衣類」
- combustible liquids / flammable liquids「可燃性液体」
- fill out 〜「（書類の空欄を）埋める、記入する」

59 郵便局⑥

手紙を含まない印刷物を送る場合は、送料が割安になることがあります。お客様が送る荷物の中身によって、よりお得なサービスを提案できる場合があるのです。ただし、荷物の中身を証明するためにいくつかの条件があるので、お客様にはその旨をご理解いただく必要があります。

> **Hello. I'd like to send some books and magazines.**
>
> **You can send them cheaply using our printed matter service.**
>
> **That sounds good. What should I do?**
>
> **Please leave it unsealed and write "printed matter" on the box.**
>
> **Is the weight okay?**
>
> **The maximum weight is three kilograms, so this is within the limits.**
>
> ・・・・・・・・・・・・・・・・・・・・・・・・・・・・・・・・
>
> こんにちは。本と雑誌を送りたいんですが。
> 印刷物サービスをご利用になると、安くお送りいただけます。
> それがよさそうですね。どうすればいいですか？
> 封をせず、箱に「印刷物」と書いてください。
> 重さは大丈夫でしょうか？
> 最大重量は3キログラムですので、これなら制限内です。

🧑 ポイント

printed matter service「印刷物サービス」とは、**printed matter**「印刷物」だけを送る場合に適用される割引のことです。書籍・カタログ・定期刊行物などの本・雑誌のほか、本の形をした手帳や日記帳、プリンターで印刷した書類などが対象になります。ダイアログの中でも説明しているように、梱包物の上に **"printed matter"** と明記する必要があります。

Please leave it unsealed. は「封をしないでください。」という意味です。動詞の **seal**「〜に封をする」を使うなら、**Please don't seal the box.** のように言います。

the maximum weight は「最大重量」という意味です。**This is within the limits.**「これなら制限内です。」は、**weight limit**「重量制限」を使って、**This is within the weight limit.** と言うこともできます。

⬇ 別表現

- 🧑 Hi. I want to send some books and magazines.
- 🏛 It's cheaper to send them using our printed matter service.
- 🧑 That sounds good. How do I do that?
- 🏛 Please don't seal the box. Just write "printed matter" on it.
- 🧑 Is it too heavy?
- 🏛 This is within the weight limit of three kilograms.

✳ ボキャブラリー&センテンス

- leave 〜 unsealed / don't seal 〜「〜の封をしないで」
- maximum weight「最大重量」
- 〜 be within the limits / 〜 be within the weight limit「〜は制限内」

郵便局

60 郵便局⑦

重要な書類を送るお客様には、書留郵便をおすすめしましょう。配達証明書が発行され、配達状況もウェブで確認できるので安心です。

- **This sealed letter contains important documents.**
- **Is a delivery receipt necessary?**
- **Yes, I'd like to send it by registered mail with a delivery receipt.**
- **Certainly. Please write the address here.**
- **I'm worried about it getting lost.**
- **You can confirm the delivery online.**

- この封書には重要な書類が入っています。
- 配達証明書がご必要ですか？
- ええ、配達証明つき書留郵便で送ります。
- わかりました。こちらに住所をお書きください。
- 紛失してしまわないか心配なのですが。
- 配達状況は、オンラインでご確認いただけます。

ポイント

sealed letter とは「封書」のことです。**contain** は「〜を含む」「〜が入っている」という意味で、中身の説明をするときに使います。**〜 contains important documents** なら、「〜には重要書類が入っています」という意味です。

send 〜 by registered mail は、「〜を書留郵便で送る」という意味です。これに **with a delivery receipt** をつければ、「配達証明書付きで」となります。「配達証明書」は **delivery certificate** と言う場合もあります。

You can confirm the delivery status online. は「オンライで配達状況を確認できます。」という意味です。**track**「〜を追跡する」を使って、**You can track it online.** と言えば、「オンラインで配達状況を追跡できます。」となります。動詞は **track** 以外に **trace** を使うこともできます。

別表現

- This contains important documents.
- Do you need a delivery certificate?
- Yes. I'd like to send it by registered mail and get a delivery certificate.
- Okay. Write the address here, please.
- I'm worried that it will get lost.
- You can track it online.

ボキャブラリー&センテンス

- sealed letter「封書」
- delivery receipt / delivery certificate「配達証明書」
- I'm worried about 〜 / I'm worried that 〜「〜が心配だ」

61 郵便局⑧

様々な荷物に対応できるよう、郵便局にはいろいろな種類の包装用品がそろっています。各種ある包装用品の中から、お客様の荷物にぴったりなものをアドバイスし、料金など、詳細についても説明しましょう。

> I want to send this. Is a standard envelope okay?
>
> Please use a padded envelope.
>
> Can I buy that kind of envelope here?
>
> Yes, the small size is 80 yen and the large size is 100 yen.
>
> What's that long box?
>
> That's for round items like posters. Would you like to have a look?

- これを送りたいのですが、普通の封筒で大丈夫でしょうか？
- クッション封筒をお使いください。
- そのタイプの封筒を、この店で買えますか？
- はい。小さいサイズのものは80円、大きいサイズのものは100円です。
- あの長い箱は何ですか？
- あちらは、ポスターのように細長く丸めたものを入れる箱です。ご覧になりますか？

🧑 ポイント

standard envelope は、一般的に使われている「通常の封筒」です。壊れやすいものを送るときには、**padded envelope**「クッション付きの封筒」をおすすめするといいでしょう。**padded** は「詰め物をした」という意味です。「クッション付きの封筒」は、**envelope with air cushion** とも言います。

self-adhesive envelope「のり付きの封筒」、**stamped card**「官製はがき」、**double post card**「往復はがき」など、よく使う単語は英語で覚えておきましょう。

That's for round items like posters. は「あれは、ポスターのように細長く丸めたものを入れる箱です。」という意味です。**You can put 〜 .**「〜を入れることができる。」という形を使って、**You can put round items like posters in it.**「ポスターのような細長く丸めたものを入れられます。」と説明してもいいでしょう。

⬇ 別表現

- 👤 Is it okay to send this in a standard envelope?
- 🏣 Please use a padded envelope.
- 👤 Can I buy that here?
- 🏣 Sure. A small one is 80 yen and a large one is 100 yen.
- 👤 What's the long box for?
- 🏣 You can put round items like posters in it. Would you like to see it?

✳ ボキャブラリー&センテンス

- standard envelope「通常の封筒」
- padded envelope「クッション付きの封筒」
- self-adhesive envelope「のり付きの封筒」

62 共通（聞き取れない場合）

お客様の言っていることがうまく聞き取れない時には、「もう少しゆっくり」や「もう少し大きな声で」とお願いしてみましょう。お客様の要望を理解しようとしている姿勢が伝われば、わかりやすく言い直してくれるでしょう。

> **Could you tell me about the best-sellers and recommended items in this store?**
>
> **I'm sorry, I didn't quite catch that. Would you mind speaking a little slower?**
>
> **What items are the most popular? And what items do you recommend I should buy?**
>
> **Ah, I understand. Thank you.**
>
> ・・・・・・・・・・・・・・・・・・・・・・・・・・・・・・・・・・・・・
>
> このお店でよく売れている商品と、おすすめの商品を教えてもらえませんか？
>
> すみません、よく聞き取れませんでした。もう少しゆっくり話していただけませんか？
>
> 一番人気があるのはどの商品ですか？ それから、どれを買ったらいいと思いますか？
>
> ああ、わかりました。ありがとうございます。

ポイント

「一番売れている商品」は、**the best-sellers** または、**the best-selling items** と言うことができます。**recommended items**「おすすめの商品」は、**what you recommend**「あなたがすすめるもの」と言い換えることもできます。

I didn't quite catch that.「よく聞き取れませんでした。」の **catch** は「聞き取る」「理解する」という意味の動詞です。**hear**「聞こえる」を使った、**I couldn't hear you very well.**「よく聞こえませんでした。」も、ほぼ同じ意味の表現です。

Would you mind speaking a little slower?「もう少しゆっくり話していただけませんか？」の代わりに、**Could you speak a little slower?** と言うこともできます。また、シンプルに **Please speak more slowly.** という言い方もあります。

I understand.「わかりました。」とほぼ同じ意味の表現として、**I got it.** も押さえておきましょう。

別表現

- Please tell me what you recommend and what the bestselling items in this department are.
- I'm sorry, I couldn't hear you very well. Could you speak a little slower?
- Which ones are popular? Also, what do you like?
- Okay, I got it. Thank you.

ボキャブラリー&センテンス

- I didn't quite catch that. / I couldn't hear you very well.
「よく聞き取れませんでした。」
- I understand. / I got it.「わかりました。」

63 共通（値段と会計）

お釣りの渡し方は国によって様々ですが、日本のお釣りの渡し方は丁寧だと言われています。このダイアログは、お会計の時の会話例です。よく使うフレーズは覚えておきましょう。

How much is this?

One is 240 yen, but if you buy five it's 1,000 yen.

Three of this and five of that, please.

That comes to 2,480 yen. Out of 5,000 yen.

Okay.

Here's 2,520 yen change. That's 2,000 yen in notes and 520 yen in coins. Make sure your change is correct.

・・・・・・・・・・・・・・・・・・・・・・・・・・・・・・

- これはいくらですか？
- 1つ240円ですが、5つで1,000円になります。
- これを3つと、あれを5つください。
- 合計2,480円になります。5,000円お預かりいたします。
- はい。
- おつりは2,520円です。まず大きいほうから2,000円、細かいほうが520円になります。お釣りが正しいか、お確かめください。

ポイント

If you buy five it's 1,000 yen. で、「5つ買うなら、1,000 円になります。」という意味です。for を使ってもっとコンパクトに、**It's five for 1,000 yen.** と言うこともできます。

日本独自の「5,000 円お預かりします。」という言い方を英語で表現するなら、**Out of 5,000 yen.** や **You gave me 5,000 yen.** となります。また、「ちょうどぴったり」の金額を受け取ったなら、**I received the exact amount.** と言います。

日本では「まず大きいほうが2,000 円、細かいほうが520 円です。」のように言うことがよくあります。「大きいほう」は「お札」、「細かいほう」は「小銭」ということですから、**That's 2,000 yen in notes and 520 yen in coins.**「お札で2,000 円、硬貨で520 円のお返しです。」と言うことができます。

別表現

- How much is this?
- One is 240, or it's five for 1,000 yen.
- Three of these and five of those, please.
- That will be 2,480 yen. Out of 5,000 yen.
- Got it.
- 2,520 yen is your change. 2,000 yen and 520 yen. Is that correct?

ボキャブラリー&センテンス

- **five for 1,000 yen**「5つで 1,000 円」
- **Out of ～ yen. / You gave me ～ yen.**「～円お預かりします。」
- **correct**「正しい」「間違いのない」

64 共通（謝る場合）

お店側の思い違いや手違いでお客様を待たせてしまったり、ご迷惑をかけてしまったりした場合には、丁寧にお詫びの気持ちを伝えましょう。

> I apologize for the wait.
>
> Did you find it?
>
> No. Unfortunately, there was a mistake and we don't have the items. I'm very sorry about the inconvenience. Please accept my apologies.
>
> It's okay, I'll cancel it. I don't have much time, so I'll try another shop.
>
> I'm really sorry we couldn't help you.
>
> ・・・・・・・・・・・・・・・・・・・・・・・・・・・・・・・・・・
>
> お待たせして申し訳ありません。
>
> 見つかりましたか？
>
> いえ、あいにく手違いがございまして、その商品はございません。ご迷惑をおかけしてしまい、本当に申し訳ございません。お詫び申し上げます。
>
> わかりました。キャンセルします。あまり時間がないので、ほかの店をあたってみます。
>
> お役に立てず、本当に申し訳ありませんでした。

136　これで安心！売り場の接客英会話

🧑 ポイント

I apologize for the wait. または、**I'm sorry for the wait.** は、「お待たせして申し訳ありません。」という意味です。この **the wait** は「待たせたこと」を指しています。もう少し丁寧な、**I'm sorry to have kept you waiting.** という表現もあります。

There was a mistake. は「こちらに手違いがありました。」というニュアンスで、**We made a mistake.** と言っても、同様の意味になります。

I'm very sorry about the inconvenience. は「ご迷惑をおかけしてたいへん申し訳ありません。」という意味です。さらに **Please accept our apology.** と続けると、確実に謝罪の心がお客様に伝わります。

最後の **I'm really sorry we couldn't help you.** は、「お役に立てず本当に申し訳ありません。」というニュアンス。ほかに **I'm really sorry I can't be of any help.** という言い方もあります。

⬇ 別表現

- I'm sorry for the wait.
- Could you find it?
- No. Unfortunately, we made a mistake. I'm really sorry about this. Please accept our apology.
- It's okay. Never mind, then. I'm out of time, so I'll go to another store.
- I'm really sorry that we weren't able to help you.

✳ ボキャブラリー&センテンス

- I apologize for the wait. / I'm sorry for the wait.
 「お待たせして申し訳ございません。」
- about the inconvenience「ご迷惑をおかけして」
- Please accept (one's) apologies「お詫び申し上げます。」

65 共通（使用上の注意）

商品のお手入れ方法についてもきちんと答えられるようにしておきたいものです。このダイアログでは、シルク100%のシャツの洗い方を尋ねられています。「手洗い」や「押し洗い」、「単独洗い」という表現は覚えておきましょう。

> **How should I wash this 100 percent silk shirt?**
>
> **You can either take it to a trustworthy dry cleaners, or wash it separately yourself.**
>
> **How can I wash it at home?**
>
> **Please hand wash by pushing it gently in lukewarm water with neutral detergent. Using a washing machine is not recommended.**
>
> ・・・・・・・・・・・・・・・・・・・・・・・・・・・・・・・・・
>
> このシルク100%のシャツは、どうやって洗えばいいですか？
>
> 信頼できるクリーニング店にお出しになるか、ほかのものと分けて洗濯すれば大丈夫です。
>
> 家で洗う場合は、どうすればいいですか？
>
> 中性洗剤を使って、ぬるめのお湯でやさしく押し洗いをしてください。洗濯機の使用はおすすめできません。

ポイント

How should I ~ ? は、「どのように~したらいいですか?」という意味で、主にアドバイスを求めるときに使われるパターンです。

You can either take it to a trustworthy dry cleaners, or wash it separately yourself. のように、2つの選択肢を示す場合には、**either A or B**「AあるいはB」という形を使えば、わかりやすく伝えられます。

a trustworthy dry cleaners は「信頼できるクリーニング店」という意味ですが、**trust**「信頼する」を使って、**a cleaners you trust** と言い換えることもできます。

hand wash by pushing は「押し洗いをする」という意味です。「やさしく」「そっと」という意味の **gently** を一緒に使うといいでしょう。ちなみに、**hand wash by rubbing** なら「手でもみ洗いをする」という意味です。

別表現

- How should I wash this 100 percent silk shirt?
- You can take it to a cleaners you trust, or wash it separately yourself.
- How do I wash it at home?
- Please put neutral detergent in lukewarm water and hand wash by pushing it gently. You shouldn't use a washing machine.

ボキャブラリー&センテンス

- How should I ~ ?「どのように~したらいいですか?」
- wash ~ separately「~の単独洗いをする」
- hand wash by pushing「押し洗いをする」
- hand wash by rubbing「手でもみ洗いをする」

66 共通（配送の手配）

このダイアログは、配送サービスがあるお店での会話例です。送料やお届けにかかる日数について説明し、お客様のお名前、ご住所を伝票に記入してもらいます。

- **Is it possible to get this delivered?**
- **It's free within Tokyo, 600 yen within Kanto and outside of that it is written on the back here.**
- **How long does it take?**
- **Two to four days. We will phone before it's delivered.**
- **Okay, I'll go with that.**
- **Okay. Please fill out your name, address and phone number.**

- これを配送してもらうことはできますか？
- 都内は配送料はかかりませんが、関東全域は600円、それ以外の地域は、この裏面に書いてある料金がかかります。
- どのくらいで届きますか？
- 2日から4日かかります。お届けの際に、お電話をいたします。
- わかりました。それでお願いします。
- では、お名前、ご住所、電話番号をご記入ください。

ポイント

Is it possible to get this delivered? は「これを配送してもらえますか？」という意味で、**get** を使わずに、**Could you deliver this?** と言うこともできます。

It's free within Tokyo.「都内なら配送料は無料です。」のように、**within ~** は、「~の中では」という意味です。「~の外では」は、**outside ~** となります。

go with ~ は、「~に同意する」「~という条件で任せる」というニュアンスです。**I'll go with that.** は「それでお願いします。」という意味です。

Please fill out your name, address and phone number.「お名前、ご住所、電話番号をご記入ください。」の **fill out ~**「~を記入する」は、**write ~**「~を書く」に置き換えることもできます。

別表現

- Could you deliver this?
- It's free within Tokyo and 600 yen within Kanto. Other prices are written here on the back.
- How long will it take?
- It will take two to four days. We will call you when it's delivered.
- Okay. I'll do that.
- Okay. Write your name, address and phone number, please.

ボキャブラリー&センテンス

- within ~「~の範囲内で」「~の中では」
- outside of that「それ以外は（その外側では）」
- go with ~「~に同意する」「~という条件で任せる」

67 共通（お取り替え、返品）

購入した商品の返品や交換については、お店によって方針が違います。お店の方針をしっかりと把握した上でお客様のお話を伺い、何かできることがあれば提案してみましょう。そうでなければ、お店のポリシーをご理解いただけるよう、丁寧に説明しましょう。

- 👩 I bought this shirt yesterday, but I'd like to exchange it. I don't like the design.
- 🏛 I'm afraid we can't exchange it unless it's defective.
- 👩 I see. It's still in the package and I have the receipt.
- 🏛 Let me see if I can make an exception.
- 👩 Thank you.

・・・・・・・・・・・・・・・・・・・・・・・・・・・・・・・・・・・・

- 👩 昨日、このシャツを買ったのですが、交換をお願いしたいのです。デザインが気に入らないので。
- 🏛 あいにく、不良品でない限り、お取替えはできません。
- 👩 そうですか。まだ封を開けていませんし、レシートもあるのですが。
- 🏛 特別にお取替えできるか確認してみます。
- 👩 ありがとうございます。

😀 ポイント

お客様から、**I'd like to exchange it.**「それを交換したいのですが。」と言われた場合、その店の規則に従って対応します。なお、「交換」ではなく「返品」の場合は、**I'd like to return this.**「この商品を返品したいのですが。」という表現が使われます。

不良品でなければ交換できない場合には、**I'm afraid we can't exchange it unless it's defective.**「あいにく、不良品でない限り、お取り換えはできません。」のように答えます。**unless** は「もし〜でないならば」という意味で、「条件」を伝えるときに使う言葉です。**unless** を使わずに、**I'm afraid we can only exchange defective items.**「不良品のみ、交換対応しております。」と言うこともできます。

⬇ 別表現

- 👩 I purchased this shirt here yesterday, but I don't like the design. I'd like to exchange it.
- 🏛 I'm afraid we can only exchange defective items.
- 👩 Oh, dear. I haven't worn it and I have the receipt.
- 🏛 I might be able to make an exception for you.
- 👩 Thanks a lot.

✳ ボキャブラリー&センテンス

- exchange「取り替えをする」
- purchase「買う」
- defective「欠点のある」
- make an exception「特別に取りはからう」「特別扱いにする」

68 共通（苦情処理）

お店の手違いなどでお客様にご迷惑をかけてしまった時は、まず、心を込めてお詫びの言葉を伝えましょう。また、今後同じような間違いをしないという反省の気持ちも、必ず伝えましょう。

- Hello. I ordered a blue clock, but I received a red one.
- Oh, I see. I'm very sorry about that. I'll send a replacement blue clock tomorrow. When the replacement is delivered, please give the red one to the delivery man.
- Okay, sure.
- I'm very sorry for the inconvenience. We'll make sure this kind of thing doesn't happen again.

・・・・・・・・・・・・・・・・・・・・・・・・・・・・・・・・・・

- もしもし、青い時計を注文したのに、赤い時計が届いたのですが。
- そうでございますか。たいへん申し訳ございません。交換品の青い時計を明日お送りいたします。交換品が届きましたら、赤い時計は配達の者にお渡しください。
- ええ、そうします。
- ご迷惑をおかけして、たいへん申し訳ありません。このようなことが二度とないようにいたします。

🧑 ポイント

こちらのミスでお客様に余計な手間をかけることになってしまった場合、**I'm very sorry about that.** と、まずは謝罪しましょう。

I'll send a replacement blue clock tomorrow. は、「交換品の青い時計は明日お送りします。」という意味です。**send a replacement** で「交換品を送る」ですが、動詞の **replace** を使って、**replace A with B**「AをBと取り換える」と言うこともできます。

We'll make sure this kind of thing doesn't happen again. は「このようなことが二度と起きないようにします。」という謝罪表現です。**will never** を使い、**We'll make sure this kind of thing will never happen again.** だと、さらに謝罪の気持ちが伝わります。

⬇ 別表現

👩 Hello. I ordered a blue clock, but I received a red one.

🏛 Oh, really? I'm very sorry about that. I'll send a blue clock tomorrow. Please give the red one to the delivery man when he comes.

👩 Okay, thanks.

🏛 I'm very sorry for the trouble. I assure you that it won't happen again.

✳ ボキャブラリー&センテンス

- replacement「交換品」
- will make sure 〜 doesn't happen again
  assure that 〜 won't happen again
  「二度と〜が起きないよう気をつける(二度と〜が起こさないよう断言する)」

69 共通（落とし物の対応）

落し物についてお問い合わせがあったら、何が見つからないのか、また、どこで落としたのか心当たりがあれば教えていただきましょう。それから、遺失物係に連絡を取ります。

- I think I dropped my earring in the fitting room yesterday when I was trying on some clothes.
- Oh, dear. May I ask what kind of earring it was?
- It's a pearl earring.
- It was the third floor fitting room, right? Please wait a moment. I'll go ask.

....

It seems it's been found. It's being held by the lost property officer on the sixth floor.

....

- 昨日、試着室で服を試着していたときに、ピアスを落としてしまったようなのですが。
- それはお困りですね。どのようなピアスか教えていただけますか？
- パールのピアスです。
- 3階の試着室でございますね？ 少々お待ちください。聞いてまいります。

....

届け出があったようです。6階の遺失物係にてお預かりしております。

ポイント

I think I dropped 〜. は「〜を落としてしまったようです。」という意味で、「落し物」の申告をするときに使われる表現です。また、**I may have dropped 〜.**「〜を落としたかもしれません。」も、よく使われます。いつどこで落としたかをはっきり覚えていることの方が稀なので、**I think** や **I may have** のような「自信のなさ」を表す表現が使われています。

まずは、**Oh, dear.**「それはお困りですね。」や **Oh, that's too bad.**「それはお気の毒です。」など、お客様の心情に寄り添うひと言をかけましょう。その上で、**May I ask what kind of 〜?**「どのような〜か、お尋ねしてもいいですか？」と、素材や色などの情報を詳しく伺います。

別表現

- I may have dropped my earring when I was trying clothes on in the fitting room yesterday.
- Oh, that's too bad. What kind of earring was it?
- It's a pearl earring.
- Was it in the third floor fitting room? Please wait while I go ask.

....

I think we found it. It's at the lost and found on the sixth floor.

ボキャブラリー&センテンス

- I think I dropped 〜. / I may have dropped 〜.
「〜を落としてしまったようです。」
- fitting room「試着室」
- lost property officer「遺失物係スタッフ」
- be held「保管される」

共通

70 共通(お見送り)

お客様とのコミュニケーションはとても大切です。お見送りは、お店に足を運んでくださったお客様に感謝の気持ちを伝える手段の1つでもあり、お客様の印象に残るようなお見送りができれば、またお店に足を運んでいただけるかもしれません。気持ちを込めたお見送りをしましょう。

- **Thank you for shopping with us today.**
- **Thanks to you, I was able to get just what I wanted.**
- **Are you okay with this large package? I'll carry it to the elevator for you.**
- **Thank you.**

- 本日は、ご利用ありがとうございました。
- おかげで、ちょうどほしかったものを買うことができました。
- 大きなお荷物ですが、大丈夫ですか? エレベーターまでお運びします。
- ありがとうございます。

🧑 ポイント

Thank you for shopping with us. Thank you for coming in today. Thank you for visiting us. は、「ご利用ありがとうございました。」というニュアンスで、お客様をお見送りするときに使う表現です。

Thanks to you, I was able to get just what I wanted. は、「おかげで、ちょうど欲しかったものが買えました。」という意味ですが、お客様からこのような言葉をかけてもらえるような、心のこもった接客を心掛けたいですね。

Are you okay with this large package? は、「大きい荷物ですが、大丈夫ですか？」という意味。たくさん荷物を抱えているお客様には、**Are you okay with all of these bags?**「たくさん荷物がございますが、大丈夫ですか？」というフレーズを使ってみましょう。

⬇ 別表現

- 🏬 Thank you for coming in today.
- 👩 Thanks to you, I got just what I wanted.
- 🏬 Are you okay with all of these bags? I'll help you carry them to the elevator.
- 👩 Thanks.

✳ ボキャブラリー＆センテンス

- Thank you for shopping with us.
  Thank you for coming in.
  Thank you for visiting us.
  Thank you for using us.
  Thank you for your business.
  「ご利用ありがとうございました。」
- be okay with 〜「〜と一緒でも大丈夫」

共通

ボキャブラリー&センテンス INDEX

A

a little extra	093
a little over	093
a lot of	017
a week or so	121
AA battery	025
about one week	121
about the inconvenience	137
academic books	061
add A to B	053
advanced-level learner	057
aid digestion	041
aisle	045
all the way back	073
anti-itch cream	051
anti-itch medicine	051
Are you looking for something?	011
artistic quality	117
artistry	117
assure that 〜 won't happen again	145
at the end	091
at the moment	119
attached to	059
attract	021
available	089

B

band-aids	049
bathrobe	015
bathroom	087
battery charger	025
battery-operated	025
be damaged	031
be displayed for a while in the store	085
be held	147
be no longer being made	035
be no longer in production	035
be okay with 〜	149
be participating in the event	081
be preferred	027
〜 be within the limits	127
〜 be within the weight limit	127
beginner	057

behind ~	087
best-selling product	017
budget	019
bug bite	051
bun	103
by the entrance	059

C

candy	105
cartoon	063
cause drowsiness	039
cheaper than ~	123
children's play area	087
choose	121
chronic conditions	041
clear up	039
clothes	125
combustible liquids	125
comes with	059
commemorative stamps	117
compare	063
confirm	113
congestion in the nose	037

consume	095
copy machine	111
correct	135
cosmetics	125
cosplay	023
cost of repair	033
cough	037
could be used as ~	013
Could I have a look at ~ ?	013
Could I see ~ ?	013
Could I take a look at ~ ?	013
currently	035

D

defective	143
defective item	031
delivery certificate	129
delivery receipt	129
depending on ~	049
dermatologist	051
detach	079
detachable	079
digicam	025

digital camera	025
dilute with ~	053
disease	041
dishwasher	083
display item	085
Do you have ~?	107
Do you have a prescription?	043
Do you sell ~?	107
don't seal ~	127
double A battery	025

E

earring	081
easier	029
encourage	021
~ ends tomorrow.	109
equal	121
exactly	035
exchange	143
exhibition hall	081
exhibition space	081
expiration date	095
eye drops	047

eye strain	047

F

Feel free to try it on.	015
figurine	021
fill	043
fill out ~	125
fitting room	147
five drops of ~	053
five for 1,000 yen	135
flammable liquids	125
foreign books	055

G

gargle	053
get ~ out	115
gift-wrap	099
gift-wrapping	069
go hiking	109
go out of print	057
go well with ~	105
go with ~	141
good souvenirs	011
gorgeous	119

H	
hand wash by pushing	139
hand wash by rubbing	139
handy	045
hay fever	047
heat up ~	103
~ heated up	103
Hello.	011
help with digestion	041
herbal shampoo	045
How do I look?	077
How does it look?	077
How should I ~ ?	139
how-to books	061
How's the length?	015
How's the size?	075
humidifier	027
I	
I apologize for the wait.	137
I bet ~ .	049
I couldn't hear you very well.	133
I didn't quite catch that.	133

I didn't realize.	115
I don't know how to use ~ .	111
I got it.	133
I have a stomachache.	041
I may have dropped ~ .	147
I need to get ~ .	059
I think I dropped ~ .	147
I understand.	133
I'd like to ~ .	059
I'll go check.	073
I'll show you some.	049
I'm having trouble using ~ .	111
I'm interested in ~ .	059
I'm pretty sure ~ .	107
I'm sorry for the wait.	137
I'm worried about ~	129
I'm worried that ~	129
ice pack	095
if I'm not mistaken	067 107
~ , if you'd like.	101
~ , if you'd prefer.	101
illness	041

153

immediately	101
in addition to ~	117
in mind	033
in particular	027
in the back of ~	073
in the back of ~	087
insurance	033
intermediate-level learner	057
interpreter	089
Is the size okay?	075
It looks good on you.	077
It suits you.	077
It's called ~ .	021
It's the right size.	075

J

japan ware	083
Japan's World Heritage sites	067
Japanese comics	063
Japanese literature	061
Japanese manga	063
just in case	077
Just right.	075

K

keep long	091
keychain	017
kids play area	087

L

lacquered tableware	083
lacquerware	083
last a long time	091
latest	029
leave ~ unsealed	127
Let me ~ .	013
Let me see your prescription.	043
Let me show some.	049
line	035
lost property officer	147
lots of	017

M

made for use in Japan	025
made of kimono fabric	019
made of the same fabric	079
make an exception	143
marinade	093

matching	099
maximum weight	127
microwave	083
microwave-safe	083
mosquito bite	051
My stomach hurts.	041
mystery novels は	061

N

natural products	045
near the entrance	059
Next in line, please.	113
Next, please.	113
not ～ any further	085
not anymore	065

O

Of course.	023
of what	063
on the other side of ～	087
on the upper half of ～	045
one for each book	069
one packet	041
only on sale until ～	105

opposite ～	087
organic shampoo	045
other than ～	117
Out of ～ yen.	135
out of print	057
outfits	023
outside of that	141

P

padded envelope	131
paid sticker	115
pearl necklace	081
photocopier	111
pickles	091
pierce	081
pierced earring	081
Please accept (one's) apologies	137
Please consume it today.	095
Please eat it by the end of the day.	095
Please feel free to ～.	097
Please try it on.	015
pollen allergies	047
postage	031

155

postage	117
powder room	087
pre-paid book card	071
preferably	027
prepare	043
pressure cooking function	029
～ printed in Japan	055
～ published in Japan	055
purchase	143
put ～ out	115
put A in B	053
put everything in the same bag	103
put them in the same bag as ～	103

Q

quicker	029

R

rather than	019
recently	011
reduce ～ by 〇 %	085
repair cost	033
replacement	145
restroom	087

rice cooker	029
right away	101
runny nose	037
～ runs until tomorrow.	109

S

sample design	015
scale	123
scratch	051
sealed letter	129
～ section	073
select	121
self-adhesive envelope	131
sell by measure	093
sell by weight	093
～ separated into two containers	093
set with ～	097
Shall I ～ ?	103
Shall I add this one?	077
short sleeve	075
sickness	041
side effects	039
sleeveless	075

small-sized single serving	097
sneeze	037
sore throat	037
specialized stores	023
specialty shops	023
standard envelope	131
street map	055
street plan	055
suitable for ~	023
surface mail	123
sushi-shaped	017
sweets	105
symptoms	037

T

Take care.	039
~ take off ○ %	085
Thank you for coming in.	149
Thank you for shopping with us.	149
Thank you for using us.	149
Thank you for visiting us.	149
Thank you for your business.	149
That sounds like fun!	109

That's a big saving.	085
That's a good deal.	085
That's exciting!	109
That's no problem.	119
That's okay.	119
the opposite way	063
this kind of	069
Three books comes to 3,200 yen.	069
three-quarter length sleeve	075
three-quarter sleeve	075
toilets	087
town plan	055
toy shops	065
toy stores	065
transformer	025
travel books	061
try on	015
two of each	017

U

up to ~	071
use-by date	095
user-error	033

V	
vacuum pressure cooker	029
vacuum-packed	091

W	
warranty	031
wash ～ separately	139
We have a dining area.	097
weigh	123
Welcome.	011
What are the contents?	125
What are you looking for?	011
What for?	113
What's inside?	125
What's your price range?	019
Why?	113
will make sure ～ doesn't happen again	145
with the same fabric	079
within ～	141
Would you like ～?	103
wrapping paper	099

Y	
～ yen for 100 grams	093
～ yen per 100 grams	093
You can find them in ～.	065
You gave me ～ yen.	135
You're right.	101
you've paid for it	115

DTP・デザイン	福味加代
写真	アフロ
イラスト	よしだみぼ
編集協力	有坂容子，中山史奈，William Scott Gordon
	石垣 窓，野里啓一郎，篠崎貴洋（ブレイン）
	田中由紀，安田 葵，浅川勝之（三修社）
音声協力	懸樋プロダクション
	岩倉敏樹（スタジオグラッド）
ナレーター	Rachel Walzer, Josh Keller, 大山もも代

CD付 デイビッド・セインのデイリースピーキング
これで安心！売り場の接客英会話

2016年4月30日　第1刷発行

著　者	デイビッド・セイン
発行者	前田俊秀
発行所	株式会社三修社
	〒150-0001　東京都渋谷区神宮前2-2-22
	TEL 03-3405-4511　FAX 03-3405-4522
	振替 00190-9-72758
	http://www.sanshusha.co.jp/
	編集担当　斎藤俊樹
印刷製本	壮光舎印刷株式会社
ＣＤ製作	高速録音株式会社

©A to Z Co., Ltd. 2016 Printed in Japan
ISBN978-4-384-04676-2 C1082

〈日本複製権センター委託出版物〉
本書を無断で複写複製（コピー）することは，著作権法上の例外を除き，禁じられています。
本書をコピーされる場合は，事前に日本複製権センター（JRRC）の許諾を受けてください。
JRRC〈http://www.jrrc.or.jp　email:jrrc_info@jrrc.or.jp　Tel:03-3401-2382〉